LA SURPRISE

DE

L'AMOUR,

COMEDIE.

REPRESENTE'E PAR LES
Comediens Italiens de S. A. R. Monsei-
GNEUR LE DUC D'ORLEANS, *le*
1722.

A PARIS,

Chez Antoine Gandouin, Quai
des Auguftins, au coin de la rue
Pavée, à la Bible d'Or.

M. DCC. XXIII.

Avec Approbation, & Privilege du Roi.

LA SURPRISE

DE L'AMOUR.

Comedie en trois Actes.

ACTE PREMIER.

SCENE I.

PIERRE, JACQUELINE,

PIERRE.

Iens, Jacquelaine, t'as une himeur qui me fâche. Pargué encore faut - il dire queuque parole d'amiquié aux gens.

JACQUELINE.

Mais, qu'eſ-ce qu'il te faut donc : Tu me veux pour ta femme, eh bian, eſ-ce que je recule à cela.

A ij

PIERRE.

Bon, qu'eſ-ce que ça dit, eſ-ce que
toutes les filles n'aimont pas à devenir la
femme d'un homme.

JACQUELINE.

Tredame ! c'eſt donc un oiſiau bien rare
qu'un homme, pour en être ſi envieuſe ?

PIERRE.

Hé là, là, je parle en diſcourant, je ſçavons bian que l'oiſiau n'eſt pas rare, mais
quand une fille eſt grande ; alle a la fan-
taiſie d'en avoir un, & il n'y a pas de mal
à ça, Jacquelaine, car ça eſt vrai, &
tu n'iras pas là - contre.

JACQUELINE.

Acoute, n'ons-je pas d'autre amoureux
que toi, eſ-ce que Blaiſe & le gros Colas
ne ſont pas affolez de moi tous deux, eſt-
ce qu'ils ne ſont pas des hommes auſſi-bian
que toi.

PIERRE.

Eh mais, je penſe qu'oüi.

JACQUELINE.

Eh bian butord, je te baille la parfa-
rance, qu'as-tu à dire à çà.

PIERRE.

C'eſt, que tu m'aime mieux qu'eux tant
ſeulement, mais ſi je ne te prenois pas moi,
ça te fâcheroit-il ?

JACQUELINE.

Oh dame, t'an veux trop.

PIERRE.

Eh morguenne, voila le tu autem , je
veux de l'amiquié pour la parfonne de moi
tout feul : quand tout le Village vianroit
te dire, Jacquelaine époufe moi, je voudrois que tu fis bravement la grimace à tout
le Village , & que tu lui difi, nennin da,
je veux être la femme de Piarre , & pis c'eft
tout : pour ce qui eft d'en cas de moi,
fi j'allois être un parfide, je voudrois que
ça te fâchit rudement , & que t'en pleu-
riffe tout ton faoul,& vela margué ce qu'en
appelle aimer le monde, tians moi qui
te parle , fi t'allois me changer il n'y auroit
pus de carvelle cheux moi, c'eft de l'amiquié que ça : tatigué que je ferois content
fi tu pouvois itou devenir folle, ah ! que
ça feroit touchant ! Ma pauvre Jacqueleine
dis moi queuque mot qui me faffe comprendre que tu pardrois un petit brin l'efprit.

JACQUELINE.

Va, va, Piarre, je ne dis rian , mais je
n'en penfe pas moins.

PIERRE.

Eh, penfe tu que tu m'aime par hazard,
dit moi oui , ou non ?

JACQUELINE.

Devine lequel.

PIERRE.

Regarde-moi entre deux yeux, tu ris tout

comme ſi tu diſois oui , hé, hé , hé, qu'en dis tu ?

JACQUELINE.

Eh, je dis franchement que je ſerois bian empêchée de ne pas t'aimer, car t'es bien agriable.

PIERRE.

Eh, jarni , velà dire les mots & les parolles.

JACQUELINE.

Je t'ai toûjours trouvé une bonne philoſomie d'homme, tu m'as fait l'amour & franchement ça m'a fait plaiſir, mais l'honneur des filles les empêche de parler , aprés ça, ma Tante diſoit toûjours qu'un Amant c'eſt comme un homme qui a faim , pû il a faim, & pû il a envie de manger, pû un homme à de peine aprés une fille & pû il l'aime.

PIERRE.

Parſanguene , il faut que ta tante ait dit vrai , car je meurs de faim, je t'en avertis, Jacqueleine.

JACQUELINE.

Tant mieux, je t'aime de cette himeur-là, pourvû qu'alle dure, mais j'ai bian peur que Monſieur Lelio, mon maître ne conſente à noute mariage , & qu'il ne me boute hors de chez li, quand il ſçaura que je t'aime, car il nous a dit qu'il ne vouloit point voir d'amourette parmi nous.

PIERRE.

Eh pourquoi donc çà, est-ce qu'il y a du mal à aimer son prochain, & morgué je m'en vas lui gager moi que ça se pratique chez les Turcs, & si ils sont bian méchans.

JACQUELINE.

Oh, c'est pis qu'un Turc, à cause d'une Dame de Paris qui l'aimoit biancoup, & qui li a tourné casaque pour un autre Galant plus mal bati que li : noute Monsieur a fait du tapage, il l'i a dit qu'alle devoit être honteuse, alle lui a dit qu'alle ne vouloit pas l'être ; & voilà bian de quoi ç'a t'elle fait, & pis des injures, ous êtes cun indeigne, & voyez donc cet impertinent ; & je me vangerai, & moi je m'en gausse ; tant y a qu'à la parfin, alle l'y a farmé la porte sur nez, l'i qui est glorieux a pris ça en mal, & il est venu ici pour vivre en harmite, en phisolophe, car vela comme il dit, & depuis ce temps quand il entend parler d'amour il semble qu'en l'écorche comme une anguille; son valet Arlequin fait itou le dégoûté, quand il voit une fille à droite, ce drôle de corps se baille les airs d'aller à gauche, à cause de queuque mijaurée de Chambriere qui l'i a à ce qu'il dit vendu du noir.

PIERRE.

Quiens, véritablement c'est une piquié que ça; il n'y a pas de police, an punit tous les jours de pauvres voleurs, & an laiffe aller & venir les parfides, mais vela ton maître, parle li.

JACQUELINE.

Non, il a la face trifte, c'eft peut-être qu'il reve aux femmes, je fis d'avis que j'attende que ça foit paffé ; va, va, il y a bonne efperance, pis que ta maitreffe eft arrivée, & qu'alle a dit qu'alle lui en parleroit.

❖❖❖❖❖❖❖❖❖❖❖❖❖❖❖❖❖❖❖❖❖❖❖

SCENE II.

LELIO, ARLEQUIN.

Tous deux d'un air trifte.

LELIO.

LE temps eft fombre aujourd'hui.

ARLEQUIN.

Ma foi oui, il eft auffi mélancolique que nous.

LELIO.

Oh, on n'eft pas toûjours dans la même difpofition, l'efprit auffi-bien que le temps eft fujet à des nuages.

ARLEQUIN.

Pour moi quand mon efprit va bien, je ne m'embaraffe gueres du broüillard.

LELIO.

Tout le monde en eſt aſſez de même.

ARLEQUIN.

Mais je trouve toûjours le temps vilain, quand je ſuis triſte.

LELIO.

C'eſt que tu as quelque choſe qui te chagrine.

ARLEQUIN.

Non.

LELIO.

Tu n'as donc point de triſteſſe.

ARLEQUIN.

Si fait.

LELIO.

Dis donc pourquoi.

ARLEQUIN.

Pourquoi, en verité je n'en ſçai rien, c'eſt peut-être que je ſuis triſte de ce que je ne ſuis pas guai.

LELIO.

Va, tu ne ſçai ce que tu dis.

ARLEQUIN.

Avec cela, il me ſemble que je ne me porte pas bien.

LELIO.

Ah., ſi tu eſt malade, c'eſt une autre affaire.

ARLEQUIN.

Je ne ſuis pas malade, non plus.

LELIO.

Es-tu foû, si tu n'es pas malade, comment trouve-tu donc que tu ne te porte pas bien ?

ARLEQUIN.

Tenez, Monsieur, je bois à merveille, je mange de même, je dors comme une marmotte, voila ma santé.

LELIO.

C'est une santé de crocheteur, un honnête homme seroit heureux de l'avoir.

ARLEQUIN.

Cependant, je me sens pesant & lourd, j'ai une fainéantise dans les membres, je baaille sans sujet, je n'ai du courage qu'à mes repas, tout me déplaît, je ne vis pas, je traîne, quand le jour est venu, je voudrois qu'il fût nuit ; quand il est nuit, je voudrois qu'il fût jour ; voila ma maladie, voila comment je me porte bien & mal.

LELIO.

Je t'entens, c'est un peu d'ennui qui t'a pris, cela se passera, as-tu sur toi ce livre qu'on m'a envoyé de Paris . . . . répons donc ?

ARLEQUIN.

Monsieur, avec vôtre permission, que je passe de l'autre côté.

LELIO.

Que veux tu donc ? Qu'est-ce que cette ceremonie ?

ARLEQUIN.

C'eſt pour ne pas voir ſur cet arbre deux petits Oiſeaux qui ſont amoureux, cela me tracaſſe, j'ai juré de ne plus faire l'amour, mais quand je le vois faire, j'ai preſque envie de manquer de parole à mon ſerment, cela me r'accommode avec ces peſtes de. femmes, & puis c'eſt le diable de me re-fâcher contr'elles.

LELIO.

Eh, mon cher Arlequin, me crois tu plus exempt que toi de ces petites inquié-tudes-là, je me reſſouviens qu'il y a des femmes au monde, qu'elles ſont aimables, & ce reſſouvenir-là, ne va pas ſans quelques émotions de cœur ; mais ce ſont ces émotions-là qui me rendent inébranlable, dans la réſolution de ne plus voir de fem-mes.

ARLEQUIN.

Pardi cela me fait tout le contraire à moi, quand ces émotions-là me prennent c'eſt alors que ma réſolution branle : Enſeignez moi donc à en faire mon profit comme vous.

LELIO.

Oüi-da, mon ami, je t'aime, tu as du bon ſens, quoiqu'un peu groſſier, l'infidélité de ta maitreſſe, t'a rebuté de l'amour ; la trahiſon de la mienne m'en a rebuté de même, tu m'a ſuivi avec courage dans ma retraite, & tu m'es devenu cher par la conformité de ton genie avec le mien & par la reſſemblance de nos avantures.

ARLEQUIN.

Et moi, Monſieur, je vous aſſûre que je vous aime cent fois plus auſſi que de coûtume, à cauſe que vous avez la bonté de m'aimer tant : je ne veux plus voir de femmes non plus que vous; cela n'a point de conſcience, j'ai penſé crever de l'infidelité de Margot, les paſſe-temps de la Campagne, vôtre converſation & la bonne nourriture m'ont un peu remis, je n'aime plus cette Margot, ſeulement quelquefois ſon petit nez me trotte encore dans la tête: mais quand je ne ſonge point à elle je n'y gagne rien, car je penſe à toutes les femmes en gros, & alors les émotions de cœur, que vous dites, viennent me tourmenter; je cours, je ſaute, je chante, je danſe, je n'ai point d'autre ſecret pour me chaſſer cela, mais ce ſecret-là n'eſt que de l'onguent miton mitaine ; je ſuis dans un grand danger, & puiſque vous m'aimez tant, ayez la charité de me dire, comment je ferai, pour devenir fort quand je ſuis foible.

LELIO.

Ce pauvre garçon me fait pitié. Ah Sexe trompeur tourmente ceux qui t'approchent mais laiſſe en repos ceux qui te fuyent.

ARLEQUIN.

Cela eſt tout raiſonnable, pourquoi faire du mal à ceux qui ne te font rien.

LELIO.

Quand quelqu'un me vante une femme aimable & l'amour qu'il a pour elle, je crois voir un frenetique qui me fait l'éloge d'une vipere, qui me dit qu'elle eſt charmante, & qu'il a le bonheur d'en être mordu.

ARLEQUIN.

Fi donc, cela fait mourir.

LELIO.

Eh, mon cher enfant, la vipere n'ôte que la vie ; Femmes, vous nous raviſſez nôtre raiſon, nôtre liberté, nôtre repos, vous nous raviſſez à nous-mêmes, & vous nous laiſſez vivre, ne voila-t'il pas des hommes en bel état aprés, des pauvres foux, des hommes troublez, yvres de douleur ou de joye, toûjours en convulſions, des eſclaves, & à qui appartiennent ces eſclaves ? à des femmes ! Et qu'eſt-ce que c'eſt qu'une femme ? Pour la définir il faudroit la connoître : nous pouvons aujourd'hui en commencer la définition, mais je ſoûtiens qu'on n'en verra le bout qu'à la fin du monde.

ARLEQUIN.

En verité c'eſt pourtant un joli petit animal que cette femme, un joli petit chat, c'eſt dommage qu'il ait tant de griffes.

LELIO.

Tu as raifon, c'eft dommage, car enfin
eft - il dans l'univers de figure plus char‑
mante ? que de graces ! Et que de varieté
dans ces graces !

ARLEQUIN.

C'eft une créature à manger.

LELIO.

Voyez fes ajuftemens , Juppes étroites,
Juppes en lanternes, Coëfure en clocher,
Coëfure fur le nez , Capuchon fur la tête,
& toutes les modes les plus extravagantes,
mettez-les fur une femme, dés qu'elles au‑
ront touché fa figure enchantereffe, c'eft
l'amour & les graces qui l'ont habillée, c'eft
de l'efprit qui lui vient , jufques au bout
des doigts, cela n'eft-il pas bien fingulier ?

ARLEQUIN.

Oh, cela eft vrai , il n'y a mardi pas
de livre qui ait tant d'efprit qu'une femme,
quand elle eft en corfet & en petites pan‑
toufles.

LELIO.

Quel aimable défordre d'idées dans fa
tête ! que de vivacité ! quelles expreffions !
que de naïveté ! L'homme a le bon fens
en partage, mais ma foi l'efprit n'appartient
qu'à la femme : à l'égard de fon cœur, ah !
fi les plaifirs qu'il nous donne étoient du‑
rables ce feroit un fejour délicieux que la
Terre : Nous autres hommes la plûpart,

nous fommes jolis en amour: nous nous
répandons en petits fentimens doucereux:
nous avons la marotte d'être délicats, parce
que cela donne un air plus tendre ; nous faifons l'amour reglément , tout comme on
fait une Charge, nous nous faifons des mé-
thodes de tendreffe ; nous allons chez une
femme , pourquoi ? pour l'aimer , parce
que c'eft le devoir de nôtre emploi ; Quelle
pitoyable façon de faire ? Une femme ne
veut être ni tendre ni délicate , ni fâchée,
ni bien-aife ; elle eft tout cela fans le favoir
& cela eft charmant , regardez-là quand
elle aime, & qu'elle ne veut pas le dire ,
morbleu, nos tendreffes les plus babillardes
approchent-elles de l'amour qui paffe à travers fon filence.

A R L E Q U I N.

Ah ! Monfieur , je m'en fouviens , Margot avoit fi bonne grace à faire comme cela la nigaude.

L E L I O.

Sans l'aiguillon de la jaloufie & du plaifir
nôtre cœur à nous autres eft un vrai para-
litique , nous reftons-là comme des eaux
dormantes , qui attendent qu'on les remuë
pour fe remuer. Le cœur d'une femme fe
donne fa fecouffe à lui-même , il part fur
un mot qu'on dit, fur un mot qu'on ne dit
pas , fur une contenance : elle a beau vous
avoir dit qu'elle aime, le repete-t-elle vous

l'apprenez toûjours, vous ne le sçaviez pas
encore : ici par une impatience, par une
froideur, par une imprudence, par une dif-
traction, en baissant les yeux, en les rele-
vant, en sortant de sa place, en y restant,
enfin c'est de la jalousie, du calme, de l'in-
quietude, de la joïe, du babil, & du silence de
toutes couleurs, & le moïen de ne pas s'en-
ivrer du plaisir que cela donne ; le moïen
de se voir adoré sansque la tête vous tourne,
pour moi j'étois tout aussi sot que les autres
Amans, je me croïois un petit prodige, mon
mérite m'étonnoit : Ah, qu'il est morti-
fiant d'en rabattre, c'est aujourd'hui ma
bêtise qui m'étonne, l'homme prodigieux
à disparu & je n'ai trouvé qu'une duppe à
la place.

ARLEQUIN.

Eh bien, Monsieur, queussi, queumi,
voila mon histoire, j'étois tout aussi sot
que vous, vous faites pourtant un portrait
qui fait venir l'envie de l'original.

LELIO.

Butord que tu es, ne t'ai-je pas dit que
la femme étoit aimable, qu'elle avoit le
cœur tendre, & beaucoup d'esprit.

ARLEQUIN.

Oüi, est-ce que tout cela n'est pas bien
joli.

LELIO.

Non, tout cela est affreux.

Ar.

ARLEQUIN.

Bon, bon, c'eſt que vous voulez m'at-
traper peut-être.

LELIO.

Non, ce ſont là les inſtrumens de nôtre ſu-
plice, dis moi, mon pauvre garçon, ſi tu trouvois ſur ton chemin de l'argent d'abord,
un peu plus loin de l'or, un peu plus loin
des perles, & que cela te conduiſît à la ca-
verne d'un Monſtre, d'un Tigre, ſi tu veux,
eſt-ce que tu ne haïrois pas cet argent, cet
or, & ces perles ?

ARLEQUIN.

Je ne ſuis pas ſi dégoûté, je trouverois
cela fort bon, il n'y auroit que le vilain
Tigre dont je ne voudrois pas, mais je pren-
drois vitement quelque millier d'écus dans
mes poches, je laiſſerois-là le reſte, & je
décamperois bravement aprés.

LELIO.

Oui, mais tu ne ſçaurois point qu'il y a
un Tigre au bout, & tu n'auras pas plutôt
ramaſſé un écu, que tu ne pourras t'empê-
cher, de vouloir le reſte.

ARLEQUIN.

Fi, par la morbleu, c'eſt bien dommage,
voila un ſot treſor de ſe trouver ſur ce chemin-là. Pardi, qu'il aille au Diable, & l'a-
nimal avec.

LELIO.

Mon enfant cet argent que tu trouves d'a-

B

bord fur ton chemin, c'eſt la beauté, ce font
les agrémens d'une femme qui t'arrétent;
cet or que tu rencontres encore, ce font les
eſperances qu'elle te donne, enfin ces perles
c'eſt fon cœur qu'elle t'abandonne avec
tous ſes tranſports.

ARLEQUIN.
Ahi, ahi, gare l'animal.

LELIO.
Le Tigre enfin paroît aprés les perles,
& ce Tigre c'eſt un caractere perfide retran-
ché dans l'ame de ta maitreſſe, il ſe montre,
il t'arrache fon cœur, il déchire le tien,
adieu tes plaiſirs, il te laiſſe auſſi miſerable,
que tu croïois être heureux.

ARLEQUIN.
Ah, c'eſt juſtement la bête, que Margot
a lâché fur moi, pour avoir aimé fon argent, fon or, & ſes perles.

LELIO.
Les aimeras-tu encore ?

ARLEQUIN.
Helas, Monſieur, je ne ſongeois pas à
ce Diable qui m'attendoit au bout. Quand
on n'a pas étudié on ne voit pas plus loin
que fon nez.

LELIO.
Quand tu feras tenté de revoir des femmes,
fouviens-toi toûjours du Tigre, & regarde
tes émotions de cœur, comme une envie
fatale d'aller fur fa route & de te perdre.

ARLEQUIN.

Oh , voila qui eſt fait , je renonce à toutes les femmes , & à tous les tréſors du monde, & je m'en vais boire un petit coup, pour me fortifier dans cette bonne penſée.

✦✧✦✧✦✧✦✧✦✧✦✧✦✧✦✧✦✧✦✧✦✧✦✧✦

SCENE III.

LELIO, JACQUELINE, PIERRE.

LELIO.

QUe me veux-tu, Jacqueline ?

JACQUELINE.

Monſieur , c'eſt que je voulions vous parler d'une petite affaire.

LELIO.

Dequoi s'agit-il ?

JACQUELINE.

C'eſt que ne vous déplaiſe. . . . . . mais vous vous facherez.

LELIO.

Voïons.

JACQUELINE.

Monſieur vous avez dit , il y a queuque temps , que vous ne vouliez pas que jeûſſions de Galands.

LELIO.

Non , je ne veux point voir d'amour dans ma maiſon.   B ij

JACQUELINE.

Je vians pourtant vous demander un petit previlege.

LELIO.

Quel est-il?

JACQUELINE.

C'est que réverence parler, j'avons le cœur tendre.

LELIO.

Tu as le cœur tendre, voila un plaisant aveu, & qui est le nigaud qui est amoureux de toi?

PIERRE.

Eh, eh, eh, c'est moi, Monsieur.

LELIO.

Ah c'est toi, maître Pierre, je t'aurois crû plus raisonnable, eh bien Jacqueline, c'est donc pour lui que tu as le cœur tendre?

JACQUELINE.

Oui, Monsieur, il y a bien deux ans en ça, que ça m'est venu..... mais, dis toi-même, je ne fis pas assez effrontée de mon naturel.

PIERRE.

Monsieur, franchement c'est qu'à me trouve gentil, & si ce n'étoit qu'alle fait la dificile, il y auroit longtems, que je ferions ennôcez.

LELIO.

Tu es fou, maître Pierre, ta Jacqueline au premier jour te plantera-là, croi moi,

ne t'attache point à elle, laisse-la là, tu
cherches malheur.

JACQUELINE.

Bon, voila de biaux contes, qu'ous li
faites là, Monsieur. Est-ce que vous croïez
que je sommes comme vos Giroüettes de
Paris, qui tournent à tout vent. Allez,
allez, si queuqu'un de nous deux se plante-
là, ce sera li qui me plantera, & non pas
moi : à tout hazard, nôtre Monsieur,
donnez-moi tant seulement une petite par-
mission de mariage, c'est pour ça que j'a-
vons prins la liberté de vous attaquer.

PIERRE

Oui, Monsieur, voila tout fin dret ce
que c'est, & Jacquelaine a itou queuque
doutance, que vous vourez bian de vôtre
grace, & pour l'amour de son sarvice, &
de stila de son pere & de sa mere, qui vous
ont tant sarvi, quand ils n'étient pas encore deffunts, tant y a, Monsieur, excusez
l'importunance, c'est que je sommes pauvres
& tout franchement, pour vous le couper
court.....

LELIO.

Acheve donc, il y a une heure que tu
traînes.

JACQUELINE.

Parguenne aussi tu t'embarbouille dans
je ne sçai combien de paroles, qui ne sar-
vont de rian, & Monsieur, pard la patience.

C'eſt donc, ne vous en déplaiſe, que je vou-
lons nous marier, &, comme ce dit l'autre,
ce n'eſt pas le tout qu'un pourpoint, s'il
n'y a des manches, c'eſt ce qui fait, ſi vous
parmettez que je vous le diſions en bref...

LELIO.

Et non, Jacqueline, dis moi le en long
tu auras plutot fait.

JACQUELINE.

C'eſt que j'avons queuque eſperance
que vous nous baillerez queuque choſe en
entrée de ménage.

LELIO.

Soit, je le veux, nous verrons cela une
autre fois, & je ferai ce que je pourrai,
pourvû que le parti te convienne. Laiſſez-
moi.

SCENE IV.

ARLEQUIN, LELIO, PIERRE, JACQUELINE.

PIERRE prenant Arlequin à l'écart.

A Arlequin, par charité, recommandez
nous à Monſieur, c'eſt que je nous
aimons Jacqueleine & moi, je n'avons pas
de grands moïens, & .....

ARLEQUIN.

Tout beau maître Pierre, dis-moi, as-tu
fon cœur ? PIERRE.

Parguienne oui, à la parfin alle m'a la-
ché fon amiquié.

ARLEQUIN.

Ah malheureux, que je te plains ! voila
le caractere perfide qui va venir , je t'ex-
pliquerai cela plus au long une autre fois,
mais tu le fentiras bien , adieu pauvre homme, je n'ai plus rien à te dire , ton mal eft
fans remede.

JACQUELINE.

Queu tripotage eft-ce qu'il fait donc là,
avec ce remede, & ce caractere ?

PIERRE.

Marguié tous ces difcours me chiffon-
nont malheur, je varrons ce qui en eft par
un petit tour d'adreffe. Allons nous-en ,
Jacqueleine , Madame la Comteffe fera
mieux que nous.

SCENE V.

LELIO, ARLEQUIN.

ARLEQUIN *revenant à fon Maiftre.*

Monfieur, mon cher maître, il y a
une mauvaife nouvelle.

LELIO.

Queſt-ce que c'eſt.

ARLEQUIN.

Vous avez entendu parler de cette Comteſſe, qui a acheté depuis un an, cette belle
maiſon prés de la vôtre.

LELIO.

Oui.

ARLEQUIN.

Eh bien, on m'a dit que cette Comteſſe
eſt ici, & qu'elle veut vous parler. J'ai
mauvaiſe opinion de cela.

LELIO.

Eh morbleu, toûjours des Femmes : Eh
que me veut elle ?

ARLEQUIN.

Je n'en ſçai rien, mais on dit qu'elle
eſt belle & veuve, & je gage qu'elle eſt
encline à faire du mal.

LELIO.

Et moi enclin à l'éviter : Je ne me ſou-
cie, ni de ſa beauté, ni de ſon veuvage.

ARLEQUIN.

Que le Ciel vous maintienne dans cette
bonne diſpoſition. Ouf.

LELIO.

Qu'as-tu ?

ARLEQUIN.

C'eſt qu'on dit, qu'il y a auſſi une Fille
de Chambre avec elle, & voila mes émotions de cœur, qui me prennent.

LELIO.

Beneſt ! une femme te fait peur.

ARLEQUIN.

Helas, Monſieur, j'eſpere en vous, &
en vôtre aſſiſtance.

LELIO.

Je crois que les voila qui ſe promenent,
retirons nous. *Ils ſe retirent.*

* * *

SCENE VI.

LA COMTESSE, COLOMBINE, ARLEQUIN.

LA COMTESSE *parlant de Lelio.*

Voila un jeune homme bien ſauvage.

COLOMBINE *arrêtant Arlequin.*
Un petit mot, s'il vous plait. Oſeroit-on
vous demander, d'où vient cette ferocité,
qui vous prend à vous & à vôtre maître ?

ARLEQUIN.

- A cauſe d'un proverbe, qui dit, que Chat
échaudé craint l eau froide.

LA COMTESSE.

Parle plus clairement. Pourquoi nous
fuit-il ?

ARLEQUIN

C'eſt que nous ſçavons ce qu'en vaut
l'aune.

COLOMBINE.

Remarquez-vous, qu'il n'ofe nous re-
garder, Madame : allons, allons, levez
la tête, & rendez-nous compte de la fotife
que vous venez de faire.

ARLEQUIN. *la regardant doucement.*

Par la jarni, qu'elle eft jolie.

LA COMTESSE.

Laiffe-le là, je croi qu'il eft imbecile.

COLOMBINE.

' Et moi je croi que c'eft malice. Parle-
ras-tu ?

ARLEQUIN.

C'eft que mon maître a fait vœu de fuir
les femmes, parce qu'elles ne valent rien.

COLOMBINE.

Impertinent !

ARLEQUIN.

Ce n'eft pas vôtre faute, c'eft la nature
qui vous à baties comme cela, & moi j'ai
fait vœu auffi. Nous avons fouffert comme
des miferables à caufe de vôtre bel efprit,
de vos jolis charmes, & de votre tendre
cœur.

COLOMBINE.

Helas ! quelle lamentable hiftoire, &
comment te tireras-tu d'affaire avec moi ?
je fuis un efpiegle, & j'ai envie de te rendre
un peu miferable de ma façon.

ARLEQUIN.

Prrr. il n'y a pas pied.

LA COMTESSE.

Va mon ami, va dire à ton maître que je me soucie fort peu des hommes, mais que je souhaiterois lui parler.

ARLEQUIN.

Je le vois là qui m'attend, je m'en vais l'appeller ; Monsieur, Madame, dit qu'elle ne se soucie point de vous : vous n'avez-qu'à venir, elle veut vous dire un mot. Ah ! comme cela m'accrocheroit, si je me laissois faire.

SCENE VII.

LA COMTESSE, LELIO, COLOMBINE.

LELIO.

Madame, puis-je vous rendre quelque service.

LA COMTESSE.

Monsieur, je vous demande pardon de la liberté que j'ai prise, mais il y a le neveu de mon fermier, qui cherche en mariage une jeune païsanne de chez vous. Ils ont peur que vous ne consentiez pas à ce mariage, ils m'ont priez de vous engager à les aider de quelque liberalité, comme de mon côté j'ai dessein de le faire. Voila Monsieur, tout ce que j'avois à vous dire, quand vous vous êtes retiré.

LELIO.

Madame, j'aurai tous les égards que mérite vôtre recommandation, & je vous prie de m'excuser, si j'ai fui, mais je vous avoüe que vous êtes d'un Sexe, avec qui j'ai crû devoir rompre pour toute ma vie: cela vous paroîtra bien bizarre. Je ne chercherai point à me justifier, car il me reste un peu de politesse, & je craindrois d'entammer une matiere qui me met toûjours de mauvaise humeur, & si je parlois, il pourroit malgré moi m'échaper des traits d'une incivilité, qui vous déplairoit, & que mon respect vous épargne.

COLOMBINE.

Mort de ma vie Madame, est-ce que ce discours-là ne vous remue pas la bile? allez, Monsieur, tous les renégats font mauvaise fin, vous viendrez quelque jour crier misericorde, & remper aux pieds de vos Maîtres, & ils vous écraseront comme un serpent. Il faut bien que justice se fasse.

LELIO.

Si Madame n'étoit pas présente, je vous dirois franchement, que je ne vous crains, ni ne vous aime.

LA COMTESSE.

Ne vous gênez point, Monsieur. Tout ce que nous disons ici, ne s'adresse point à vous, regardons-nous comme hors d'interest. Et sur ce pied-là peut-on vous demander, ce qui vous fâche si fort contre les femmes ?

LELIO.

Ah ! Madame, dispensez-moi de vous le dire, c'est un recit que j'accompagne ordinairement de reflexions, où vôtre Sexe ne trouve pas son compte.

LA COMTESSE.

Je vous devine, c'est une infidelité qui vous a donné tant de colere.

LELIO.

Oui, Madame, c'est une infidelité, mais affreuse, mais détestable.

LA COMTESSE.

N'allons point si vite, vôtre Maîtresse cessa-t'elle de vous aimer, pour en aimer un autre ?

LELIO.

En doutez vous, Madame ? la simple infidelité seroit insipide, & ne tenteroit pas une femme, sans l'assaisonement de la perfidie.

LA COMTESSE.

Quoi ? vous eûtes un successeur ? elle en aima un autre ?

LELIO.

Oui, Madame : Comment cela vous étone ? Voila pourtant les femmes, & ces actions doivent vous mettre en païs de connoissance.

COLOMBINE.

Le petit blasphemateur !

LA COMTESSE.

Oui, vôtre Maîtresse est une indigne,
& l'on ne sçauroit trop la méprifer.

COLOMBINE.

D'accord, qu'il la méprife, il n'y a pas
à tortiller : c'est une coquine celle-là.

LA COMTESSE.

J'ai crû d'abord moi, qu'elle n'avoit fait
que fe dégoûter de vous, & de l'amour, &
je lui pardonnois en faveur de cela, la fotife, qu'elle avoit eûë de vous aimer. Quand
je dis vous, je parle des hommes en ge-
neral.

COLOMBINE.

Prenez, prenez toûjours cela en atten-
dant mieux.

LELIO.

Comment, Madame, ce n'est donc rien
à vôtre compte, que de ceffer fans raifon,
d'avoir de la tendreffe pour un homme ?

LA COMTESSE.

C'est beaucoup au contraire : ceffer d'a-
voir de l'amour pour un homme, c'est à
mon compte connoître fa faute, s'en re-
pentir, en avoir honte, fentir la mifere
de l'idole qu'on adoroit, & rentrer dans le
refpect qu'une femme fe doit à elle-même.
J'ai bien vû que nous ne nous entendions
point ; fi vôtre maitreffe n'avoit fait que

renoncer à son attachement ridicule, eh !
il n'y auroit rien de plus loüable ; mais ne
faire que changer d'objet , ne guerir d'une
folie que par une extravagance, eh si. Je
suis de vôtre sentiment , cette femme - là
est tout-à-fait méprisable ; Amant pour
amant , il valoit autant que vous deshon-
noralliez sa raison qu'un autre.

LELIO.

Je vous avoüe, que je ne m'attendois
pas à cette chûte-là.

COLOMBINE.

Ah , ah , ah , il faudroit bien des con-
versations comme celle-là , pour en faire
une raisonnable. Courage Monsieur, vous
voila tout deferré : décochez-lui moi quelque trait bien heteroclite , qui sente bien
l'original ? eh! vous avez fait des merveilles
d'abord.

LELIO.

C'est assûrement mettre les hommes bien
bas, que de les juger indignes de la ten-
dresse d'une femme : l'idée est neuve.

COLOMBINE.

Elle ne fera pas fortune chez vous.

LELIO.

On voit bien que vous estes fachée ,
Madame.

LA COMTESSE.

Moi, Monsieur, je n'ai point à me plaindre des hommes , je ne les hais point non

plus. Helas la pauvre efpece ! elle eft, pour qui l'examine, encore plus comique, que haiſſable.

COLOMBINE.

Ouida, je crois, que nous trouverons plus de reſſource à nous en divertir, qu'à nous fâcher contre elle.

LELIO.

Mais qu'a-t'elle donc de ſi comique ;

LA COMTESSE.

Ce qu'elle à de comique ? mais y ſongez-vous ? Monſieur, vous êtes bien curieux d'être humilié dans vos confreres. Si je parlois, vous ſeriez tout étonné de vous trouver de cent piques au-deſſous de nous. Vous demandez ce que vôtre eſpece a de comique, qui pour ſe mettre à ſon aiſe a eû beſoin de ſe reſerver un privilege d'indiſcretion, d'impertinence, & de fatuité, qui ſuffoqueroit, ſi elle n'étoit babillarde, ſi ſa miſerable vanité n'avoit pas ſes coudées franches, s'il ne lui étoit pas permis de deshonnorer un Sexe qu'elle oſe mépriſer pour les mêmes choſes, dont l'indigne qu'elle eſt, fait ſa gloire. Oh ! l'admirable engeance qui a trouvé la raiſon, & la vertu, des fardeaux trop peſans pour elle, & qui nous a chargé du ſoin de les porter : ne voila-t'il pas de beaux titres de ſuperiorité ſur nous ? & de pareilles gens ne ſont-ils pas riſibles ! Fiez - vous à moi, Monſieur,

Monſieur, vous ne connoiſſez pas vôtre
miſere, j'oſerai vous le dire, vous voilà
bien irrité contre les femmes, je ſuis peut-
être moi, la moins aimable de toutes, tout
hé·iſſé de rancune que vous croïez être,
moïennant deux ou trois coups d'œil fla-
teurs qu'il m'en coûteroit, grace à la tour-
nure groteſque de l'eſprit de l'homme,
vous m'allez doner la Comedie : Oh je vous
defie de me faire païer ce tribut de folie-là.

COLOMBINE.

Ma foi, Madame, cette experience-là
vous porteroit malheur.

LELIO.

Ah, ah, cela eſt plaiſant, Madame, peu
de femmes ſont auſſi aimables que vous,
vous l'êtes tout autant, que je ſuis ſûr, que
vous croïez l'être, mais s'il n'y a que la
Comedie dont vous parlez, qui puiſſe vous
réjoüir, en ma conſcience vous ne rirez de
vôtre vie.

COLOMBINE.

En ma conſcience, vous me la donnez
tous les deux la Comedie, cependant ſi j'é-
tois à la place de Madame, le deffi me
picqueroit, & je ne voudrois pas en avoir
le démenti.

LA COMTESSE.

Non, la partie ne me pique point, je
la tiens gagnée ; mais comme à la campagne
il faut voir quelqu'un, ſoïons amis pen-

C

dant que nous y reſterons, je vous promêts ſûreté, nous nous divertirons, vous à mé-dire des femmes, & moi à mépriſer les hommes.

LELIO.

Volontiers.

COLOMBINE.

Le joli commerce ! on a qu'à vous en croire, les hommes tireront à l'Orient, les femmes à l'Occident, cela fera de belles productions, & nos petits neveux auront bon air. Eh morbleu, pourquoi prêcher la fin du monde, cela coupe la gorge à tout : ſoïons raiſonnables, condamnez les amans déloïaux, les conteurs de ſornettes, à être jettez dans la riviere, une pierre au col, à merveille ; enfermez les coquettes entre quatre murailles ; fort bien, mais les amans fideles, dreſſez-leur de belles & bonnes ſta-tues pour encourager le Public ; vous riez adieu pauvres brebis égarées : Pour moi, je vais travailler à la converſiond'Arlequin. A vôtre égard que le Ciel vous aſſiſte, mais il ſeroit curieux de vous voir chanter la palinodie : je vous y attends.

LA COMTESSE.

La folle ! je vous quitte, Monſieur, j'ai quelques ordres à donner, n'oubliez pas de grace ma recommandationpour ces païſans.

SCENE VIII.

LE BARON *amy de Lelio.*

LA COMTESSE, LELIO.

LE BARON.

NE me trompais-je point, est-ce vous
que je vois Madame la Comtesse ?

LA COMTESSE.

Oui, Monsieur, c'est moi-même.

LE BARON.

Quoi ? avec nôtre ami Lelio, cela se
peut-il ?

LA COMTESSE.

Que trouvez-vous donc là de si étrange ?

LELIO.

Je n'ai l'honneur de connoître Madame
que depuis un instant, & d'où vient la surprise ?

LE BARON.

Comment ma surprise ! voici peut-être
le coup de hazard le plus bizarre qui soit
arrivé.

LELIO.

En quoi ?

LE BARON.

En quoi ? morbleu, je n'en sçaurois revenir, c'est le fait le plus curieux qu'on

puiſſe imaginer, dés que je ſerai à Paris,
où je vais, je le ferai mettre dans la ga-
zette.

LELIO.

Mais que veux-tu dire?

LE BARON.

Songez-vous à tous les millions de femmes qu'il y a dans le monde, au Cou-
chant, au Levant, au Septentrion, au
Midi. Européennes, Aſiatiques, Affri-
quaines, Ameriquaines, blanches, noires,
bazannées, de toutes les couleurs. Nos pro-
pres experiences, & les relations de nos
voïageurs, nous apprennent, que par tout
la femme eſt amie de l'homme, que la nature l'a pourvûë de bonne volonté pour lui:
la nature n'a manqué que Madame: le So-
leil n'éclaire qu'elle chez qui nôtre eſpece
n'ait point rencontré grace; & cette ſeule
exception de la Loi generalle, ſe rencontre
avec un perſonnage unique; je te le dis en
ami, avec un homme qui nous a donné
l'exemple d'un fanatiſme tout neuf, qui
ſeul de tous les hommes, n'a pû s'accoû-
tumer aux Coquettes qui fourmillent ſur
la Terre, & qui ſont auſſi anciennes que le
Monde, enfin qui s'eſt condamné à venir
ici languir de chagrin de ne plus voir de
femmes, en expiation du crime qu'il a fait
quand il en a vû. Oh je ne ſache point d'a-
venture qui aille de pair avec la vôtre.

Lelio *riant.*

Ah, ah, je te pardonne toutes tes injures, en faveur de ces Coquettes qui fourmillent sur la Terre, & qui sont aussi anciennes que le Monde.

La Comtesse *riant.*

Pour moi je me sçai bon gré que la nature m'ait manquée, & je me passerai bien de la façon qu'elle auroit pû me donner de plus, c'est autant de sauvé, c'est un ridicule de moins.

Le Baron *serieusement.*

Madame, n'appellez point cette foiblesse-là, ridicule, ménageons les termes, il peut venir un jour, ou vous serez bien-aise de lui trouver une épithete plus honnête.

La Comtesse.

Oui, si l'esprit me tourne.

Le Baron.

Eh bien il vous tournera : c'est si peu de chose que l'esprit, aprés tout, il n'est pas encore sûr que la nature vous ait absolument manquée ; Helas peut-être jouez-vous de vôtre reste aujourd'hui. Combien voyons-nous de choses qui sont d'abord merveilleuses, & qui finissent par faire rire : Je suis un homme à pronostic, voulez-vous que je vous dise, tenez, je crois que vôtre merveilleux est à fin de terme.

Lelio.

Cela se peut bien, Madame, cela se peut

bien, les foux font quelques fois infpirez.

LA COMTESSE.

Vous vous trompez, Monfieur, vous vous trompez.

LE BARON.

Mais toi qui raifonne, as-tu lû l'hiftoire Romaine?

LELIO.

Oui, qu'en veux-tu faire de ton Hiftoire Romaine?

LE BARON.

Te fouviens-tu qu'un Ambaffadeur Romain enferma Antiochus dans un cercle qu'il traça autour de lui, & lui déclara la guerre, s'il en fortoit avant qu'il eût répondu à fa demande.

LELIO.

Oui, je m'en reffouviens.

LE BARON.

Tiens mon enfant, moi indigne je te fais un cercle à l'imitation de ce Romain, & fous peine des vengeances de l'amour, qui vaut bien la Republique de Rome, je t'ordonne de n'en fortir, que foupirant pour les beautez de Madame. Voyons fi tu oferas broncher.

LELIO *paffe le cercle.*

Tiens je fuis hors du cercle, voilà ma réponfe, va-t'en la porter à ton beneft d'amour.

LA COMTESSE.

Monsieur le Baron, je vous prie badinez tant qu'il vous plaira, mais ne me mettez point en jeu.

LE BARON.

Je ne badine point, Madame, je vous le cautionne garotté à vôtre char, il vous aime de ce moment-ci, il a obéi. La peste vous ne le verriez pas horsdu cercle, il avoit plus de peur qu'Antiochus.

LELIO *riant.*

Madame, vous pouvez me donner des rivaux tant qu'il vous plaira, mon amour n'est point jaloux.

LA COMTESSE *embarrassée.*

Messieurs, j'entens volontiers raillerie, mais finissons-la pourtant.

LE BARON.

Vous montrez-là, certaine impatience qui pourra venir à bien : faisons-la profiter par un petit tour de cercle.

Il l'enferme aussi.

LA COMTESSE *sortant du cercle.*

Laissez-moi, qu'est-ce que cela signifie ? Baron, ne lisez jamais d'histoire, puisqu'elle ne vous apprend que des polissonneries.

Lelio rit.

LE BARON.

Je vous demande pardon, mais vous aimerez s'il vous plaît, Madame, Lelio est mon ami, & je ne veux point lui donner de Maîtresse insensible.

LA COMTESSE *ferieufement.*

Cherchez-lui donc une Maitreffe ailleurs, car il trouveroit fort mal fon compte ici.

LELIO.

Madame, je fçai le peu que je vaux, on peut fe difpenfer de me l'apprendre, aprés tout votre antipathie ne me fait point trembler.

LE BARON.

Bon, voilà de l'amour qui prélude par du dépit.

LA COMTESSE *à Lelio.*

Vous feriez fort à plaindre, Monfieur, fi mesfentimens ne vous étoient indifferens.

LE BARON.

Ah le beau duo ! vous ne fçavez pas encore combien il eft tendre.

LA COMTESSE *s'en allant doucement.*

En verité vos folies me pouffent à bout, Baron.

LE BARON.

Oh, Madame, nous aurons l'honneur Lelio & moi, de vous reconduire jufques chez vous.

COLOMBINE *arrivant.*

Bonjour, Monfieur le Baron. Comme vous voilà rouge Madame. Monfieur Lelio eft tout je ne fçai comment auffi : il a l'air d'un homme qui veut être fier, & qui ne peut pas l'être. Qu'avez-vous donc tous deux ?

LA COMTESSE *sortant.*

L'étourdie !

LE BARON.

Laissez-les là, Colombine, ils sont de méchante humeur : ils viennent de se faire une déclaration d'amour l'un à l'autre, & le tout en se fâchant.

SCENE IX.

COLOMBINE, ARLEQUIN

Avec un équipage de Chasseur.

COLOMBINE *qui a écoutée un peu leur conversation.*

JE vois bien qu'ils nous aprêteront à rire. Mais où est Arlequin ? je veux qu'il m'amuse ici : J'entends quelqu'un, ne seroit-ce pas lui.

ARLEQUIN *la voyant.*

Ouf, ce gibier-là meine un Chasseur trop loin : je me perdrois, tournons d'un autre côté . . . . allons donc . . . . . heut, me voilà justement sur le chemin du Tigre, maudit soit l'argent, l'or & les perles.

COLOMBINE.

Quelle heure est-il, Arlequin.

ARLEQUIN.

Ah ! la fine mouche, je vois bien que tu

cherches midi à quatorze heures. Paſſez,
paſſez vôtre chemin, ma mie.

COLOMBINE.

Il ne me plaît pas moi, paſſe-le toi même?

ARLEQUIN.

Oh pardi, à bon chat, bon rat, je veux
reſter ici.

COLOMBINE.

Hé le fou, qui perd l'eſprit en voïant
une femme.

ARLEQUIN.

Va-t'en, va-t'en demander ton portrait
à mon maître, il te le donnera pour rien :
tu verras ſi tu n'es pas une vipere.

COLOMBINE.

Ton maître eſt un viſionnaire qui te fait
faire penitence de ſes ſotiſes : Dans le fond
tu me fais pitié, c'eſt dommage qu'un jeune
homme comme toi, aſſez bien fait, & bon
enfant, car tu es ſans malice.

ARLEQUIN.

Je n'en ai non-plus qu'un poulet.

COLOMBINE.

C'eſt dommage qu'il conſomme ſa jeu-
neſſe dans la langueur & la ſouffrance : car
dis la verité, tu t'ennuies ici, tu pâtis.

ARLEQUIN.

Oh cela n'eſt pas croïable.

COLOMBINE.

Et pourquoi, nigaud, mener une pareille
vie?

ARLEQUIN.

Pour ne point tomber dans vos pattes,
race de chats que vous êtes ; fi vous étiez
de bonnes gens, nous ne ferions pas venus
nous rendre hermittes. Il n'y a plus de bon
temps pour moi & c'eft vous qui en êtes
caufe , & malgré tout cela il ne s'en
faut de rien que je ne t'aime. La fotte chofe
que le cœur de l'homme !

COLOMBINE.

Cet original qui difpute contre fon cœur
comme un honnête homme.

ARLEQUIN.

N'as-tu pas de honte d'être fi jolie & fi
traitreffe ?

COLOMBINE.

Comme fi on devoit rougir de fes bonnes
qualitez. Au revoir, nigaud ; tu me fuis,
mais cela ne durera pas.

Fin du premier Acte.

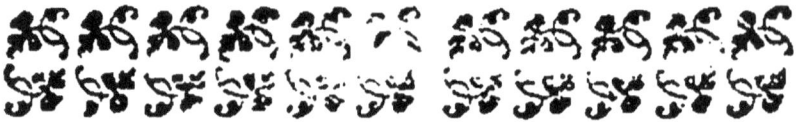

ACTE SECOND.

SCENE I.

COLOMBINE, LA COMTESSE,

COLOMBINE *en regardant fa montre.*

CEla eft fingulier !

LA COMTESSE.

Quoi ?

COLOMBINE.

Je trouve qu'il y a un quart-d'heure que nous nous promenons fans rien dire : entre deux femmes cela ne laiffe pas d'être fort. Sommes-nous bien dans nôtre état naturel ?

LA COMTESSE.

Je ne fache rien d'extraordinaire en moi.

COLOMBINE.

Vous voila pourtant bien rêveufe.

LA COMTESSE.

C'eft que je fonge à une chofe.

COLOMBINE.

Voïons ce que c'eft, fuivant l'efpece de la chofe, je ferai l'eftime de vôtre filence.

LA COMTESSE.

C'eft que je fonge qu'il n'eft pas néceffaire que je voie fi fouvent Lelio.

COLOMBINE.

Hom, il y a du Lelio : vôtre taciturnité n'eft pas fi belle que je le penfois; la mienne à vous dire le vrai, n'eft pas plus méritoire. Je me taifois à peu prés dans le même goût, je ne reve pas à Lelio, mais je fuis autour de cela, je rêve au valet.

LA COMTESSE.

Mais que veux-tu dire ? quel mal y a-t-il à penfer à ce que je penfe ?

COLOMBINE.

Oh pour du mal il n'y en a pas, mais je croïois que vous ne difiez mot par pure pareffe de langue, & je trouvois cela beau dans une femme : car on prétend que cela eft rare. Mais pourquoi jugez-vousqu'il n'eft pas néceffaire que vous voïez fi fouvent Lelio ?

LA COMTESSE.

Je n'ai d'autres raifons pour lui parler, que le mariage de ces jeunes gens : il ne m'a point dit ce qu'il veut donner à la fille, je fuis bien aife que le neveu de mon fermier trouve quelque avantage, mais, fans nous parler, Lelio peut me faire fçavoir fes intentions, & je puis le faire informer des miennes.

COLOMBINE.

L'imagination de cela eft tout-à-fait plaifante.

LA COMTESSE.

Ne vas-tu pas faire un commentaire là-deſſus ?

COLOMBINE.

Comment ? il n'y a pas de commentaire à cela : Malepeſte, c'eſt un joli trait d'eſprit que cette invention-là. Le chemin de tout le monde quand on a affaire aux gens, c'eſt d'aller leur parler, mais cela n'eſt pas commode, le plus court eſt de l'entretenir de loin, vraiment on s'entend bien mieux : Lui parlerez-vous avec une Sarbacane, ou par Procureur ?

LA COMTESSE.

Mademoiſelle Colombine, vos fades railleries ne me plaiſent point du tout, je vois bien les petites idées que vous avez dans l'eſprit.

COLOMBINE.

Je me doute moi, que vous ne vous doutez pas des vôtres, mais cela viendra.

LA COMTESSE.

Taiſez-vous ?

COLOMBINE.

Mais auſſi dequoi vous aviſez-vous de prendre un ſi grand tour pour parler à un homme. Monſieur, ſoïons amis tant que nous reſterons ici, nous nous amuſerons, vous à médire des femmes, moi à mépriſer les hommes, (voila ce que vous lui avez dit tantôt,) eſt-ce que l'amuſement que vous avez choiſi ne vous plait plus ?

LA COMTESSE.

Il me plaira toûjours ; mais j'ai ſongé que je mettrai Lelio plus à ſon aiſe, en ne le voïant plus. D'ailleurs la converſation que nous avons eûë tantôt enſemble, jointe aux plaiſanteries que le Baron a continué de faire chez moi, pourroient donner matiere à de nouvelles ſcenes, que je ſuis bien aiſe d'éviter ; tiens prens ce billet.

COLOMBINE.

Pour qui ?

LA COMTESSE.

Pour Lelio. C'eſt de cette Païſanne dont il s'agit, je lui demande réponſe.

COLOMBINE.

Un billet à Monſieur Lelio, exprés pour ne point donner matiere à la plaiſanterie ! mais voila des précautions d'un jugement. .

LA COMTESSE.

Fais ce que je te dis.

COLOMBINE.

Madame, c'eſt une maladie qui commence: vôtre cœur en eſt à ſon premier accés de fiévre, tenez, le billet n'eſt plus néceſſaire, je vois Lelio qui s'aproche.

LA COMTESSE.

Je me retire, faites vôtre commiſſión.

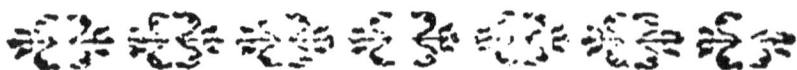

SCENE II.

LELIO, ARLEQUIN,
COLOMBINE.

LELIO.

POurquoi donc Madame la Comtesse se retire t'elle en me voïant?

COLOMBINE *présentant le billet.*

Monsieur . . . . . ma maitresse a jugé à propos de réduire sa conversation dans ce billet. A la Campagne on a l'esprit ingenieux.

LELIO.

Je ne vois pas la finesse qu'il peut y avoir à me laisser-là, quand j'arrive, pour m'entretenir dans des papiers. J'allois prendre des mesures avec elle pour nos Païsans: Mais voïons ses raisons.

ARLEQUIN.

Je vous conseille de lui répondre sur une carte, cela sera bien aussi drôle.

LELIO *lit.*

Monsieur depuis que nous nous sommes quittez j'ai fait reflexion qu'il étoit assés inutile de nous voir.

Oh! trés-inutile, je l'ai pensé de même. *Je prévois que cela vous gêneroit, & moi à qui*

il

il n'ennuie pas d'être feule , je ferois fâchée de
vous contraindre !

Vous avez raifon , Madame , je vous re-
mercie de vôtre attention.

*Vous fçavez la priere que je vous ai faite tan-
tôt au fujet du mariage de nos jeunes gens , je
vous prie de vouloir bien me marquer là-deffus
quelque chofe de pofitif.*

Volontiers , Madame , vous n'attendrez
point ! Voila la femme du caractere le plus
paffable que j'aïe vûë de ma vie ; fi j'étois
capable d'en aimer quelqu'une ce feroit elle.

ARLEQUIN.

Par la morbleu j'ai peur que ce tour - là
ne vous joue d'un mauvais tour.

LELIO.

Oh non , l'éloignement qu'elle a pour
moi, me donne en verité beaucoup d'eftime pour elle, cela eft dans mon goût,
je fuis ravi que la propofition vienne d'elle,
elle m'épargne , à moi , la peine de la lui
faire.

ARLEQUIN.

Pour cela oui, nôtre deffein étoit de
lui dire que nous ne voulions plus d'elle.

COLOMBINE.

Quoi ! ni de moi non plus ?

ARLEQUIN.

Oh je fuis honnête , je ne veux point dire
aux gens des injures à leur nez.

COLOMBINE.

Eh bien, Monfieur, faites-vous réponse ?

LELIO.

Oui, ma chere enfant j'y cours : Vous pouvez lui dire, puifqu'elle choifit le Papier pour le champ de bataille de nos converfations, que j'en ai prés d'une rame chez moi, & que le terrain ne me manquera de long-temps.

ARLEQUIN.

Hé, hé, hé, nous verrons à qui aura le dernier.

COLOMBINE.

Vous êtes diftrait, Monfieur, vous me dites que vous courez faire réponfe, & vous voila encore ?

LELIO.

J'ai tort, j'oublie les chofes d'un moment à l'autre : Attendez - là un moment.

COLOMBINE *l'arrêtant*.

C'eft-à-dire que vous êtes bien charmé du parti que prend ma maitreffe.

ARLEQUIN.

Pardi cela eft admirable !

LELIO.

Oui, affûrement cela me fera plaifir.

COLOMBINE.

Cela fe paffera. Allez.

LELIO.

Il faut bien que cela fe paffe.

ARLEQUIN.

Emmenez-moi avec vous, car je ne me
fie point à elle.

COLOMBINE.

Oh je n'attendrai point, si je suis seule ; je
veux causer. **LELIO.**

Fais lui l'honêteté de rester avec elle,
je vais revenir.

SCENE III.

ARLEQUIN, COLOMBINE.

ARLEQUIN.

J'Ai bien affaire, moi, d'être honnête à
mes dépens.

COLOMBINE.

Et que crains-tu ? tu ne m'aime point ;
tu ne veux point m'aimer.

ARLEQUIN.

Non, je ne veux point t'aimer, mais je
n'ai que faire de prendre la peine de m'em-
pêcher de le vouloir.

COLOMBINE.

Tu m'aimerois donc si tu ne t'en em-
pêchois ? **ARLEQUIN.**

Laissez-moi en repos, Mademoiselle Colombine, promenez vous d'un côté, & moi
d'un autre, sinon je m'enfuirai, car je répons tout de travers.

D ij

COLOMBINE.

Puifqu'on ne peut avoir l'honneur de ta compagnie, qu'à ce prix-là, je le veux bien, promenons nous.

ET PUIS A PART, *& en fe promenant, comme Arlequin fait de fon côté.*

Tout en badinant cependant, me voila dans la fantaifie d'être aimée de ce petit corps-là.

ARLEQUIN *déconcerté & fe promenant de fon côté.*

C'eft une malediction que cet Amour: il m'a tourmenté quand j'en avois, & il me fait encore du mal à cette heure que je n'en veux point: Il faut prendre patience & faire bonne mine.

Il chante.

Turlu turluton.

COLOMBINE *le rencontrant fur le Theatre & l'arrêtant.*

Mais vraiment tu as la voix belle: Sçais-tu la mufique?

ARLEQUIN *s'arrêtant auffi.*

Oui je commence à lire les paroles.

Il chante.

Tourleroutoutou.

COLOMBINE *continuant de fe promener.*

Pefte foit du petit coquin, ferieufement je crois qu'il me pique.

ARLEQUIN *de fon côté.*

Elle me regarde, elle voit bien que je fais femblant de ne pas fonger à elle.

COLOMBINE.

Arlequin ?

ARLEQUIN.

Hom.

COLOMBINE.

Je commence à me laſſer de la promenade.

ARLEQUIN.

Cela ſe peut bien.

COLOMBINE.

Comment te va le cœur ?

ARLEQUIN.

Ah ! je ne prens pas garde à cela.

COLOMBINE.

Gageons que tu m'aime ?

ARLEQUIN.

Je ne gage jamais, je ſuis trop malheureux, je perds toûjours.

COLOMBINE *allant à luy.*

Oh tu m'ennuies, je veux que tu me diſes
franchement que tu m'aime.

ARLEQUIN.

Encore un petit tour de promenade.

COLOMBINE.

Non, parle, ou je te haïs.

ARLEQUIN.

Et que tai-je fait pour me haïr ?

COLOMBINE.

Sçavez-vous bien, Monſieur le Butord,
que je vous trouve à mon gré, & qu'il
faut que vous ſoupiriez pour moi.

ARLEQUIN.

Je te plais donc ?

COLOMBINE.

Oui, ta petite figure me revient affez.

ARLEQUIN.

Je fuis perdu , j'étouffe, adieu ma mie,
fauve qui peut .... Ah ! Monfieur vous
voila.

※※※※※※※※※※※※※※※※※※※

SCENE IV.

LELIO, ARLEQUIN, COLOMBINE.

LELIO.

QU'as-tu donc ?

ARLEQUIN.

Hélas ! c'eft ce lutin - là qui me prend
à la gorge : Elle veut que je l'aime.

LELIO.

Et ne fçaurois-tu lui dire que tu ne veux
pas.

ARLEQUIN.

Vous en parlez bien à vôtre aife : Elle
a la malice de me dire qu'elle me haïra.

COLOMBINE.

J'ai entrepris la guerifon de fa folie , il
faut que j'en vienne à bout : Va, va, c'eft
partie à remettre.

ARLEQUIN.

Voïez la belle guerison ; je suis de la moitié plus foû que je n'étois.

LELIO.

Bon courage, Arlequin. Tenez Colombine, voila la réponse au billet de vôtre Maîtresse.

COLOMBINE

Monsieur ne l'avez-vous pas faite un peu trop fiere?　LELIO.

Eh ! pourquoi la ferois-je fiere ? Je la fais indifferente : Ais-je quelqu'interêt de la faire autrement?

COLOMBINE.

Ecoutez, je vous parle en amie. Les plus courtes folies sont les meilleurs : l'homme est foible, tous les Philosophes du temps passé nous l'ont dit, & je m'en fie bien à eux : Vous vous croïez leste & gaillard, vous n'êtes point cela ; ce que vous êtes est caché derriere tout cela ; si j'avois besoin d'indifference, & qu'on en vendit, je ne ferois pas emplette de la vôtre, j'ai bien peur que ce ne soit une drogue de Charlatan, car on dit que l'amour en est un. Et franchement, vous m'avez tout l'air d'avoir pris de son mitridate : Vous vous agitez, vous allez & venez, vous riez du bout des dents, vous êtes serieux tout de bon : Tout autant de simptomes d'une indifference amoureuse.

LELIO.

Et laiſſez-moi, Colombine, ce diſcours-
là m'ennuie.

COLOMBINE.

Je parts, mais mon avis eſt que vous
avez la vûë trouble ; attendez qu'elle s'é-
clairc.iſſe, vous verrez mieux vôtre chemin ; n'allez pas vous jetter dans quelque
orniere, vous embourber dans quelque
pas : Quand vous ſoûpirerez, vous ſerez
bien-aiſe de trouver un écho qui vous ré-
ponde : N'en dites rien, ma Maîtreſſe eſt
étourdie du bateau, la bonne Dame bataille,
& c'eſt autant de battu ; *motus*, Monſieur,
je ſuis vôtre ſervante.

Elle s'en va.

SCENE V.

LELIO, ARLEQUIN.

LELIO.

AH, ah, ah, cela ne te fait-il pas rire ?

ARLEQUIN.

Non.

LELIO.

Cette folle, qui me vient dire qu'elle
croît que ſa Maîtreſſe s'humaniſe, elle qui
me fuit, & qui me fuit moi préſent. Oh !

parbleu Madame la Comtesse vos manieres
sont tout à fait de mon goût ; je les trouve
pourtant un peu sauvages, car enfin l'on
n'écrit pas à un homme de qui l'on n'a pas
à se plaindre : je ne veux plus vous voir :
vous me fatiguez : vous m'êtes insuportable,
& voila le sens du billet, tout mitigé qu'il
est. Oh ! la verité est que je ne croîois pas
être si haïssable. Qu'en dis-tu Arlequin ?

ARLEQUIN.

Eh, Monsieur, chacun à son goût.

LELIO.

Parbleu je suis content de la réponse que
j'ai fait au billet, & de l'air dont je l'ai
receu : Mais trés - content.

ARLEQUIN.

Cela ne vaut pas la peine d'être si content, à moins qu'on ne soit fâché : Tenez - vous ferme mon cher maître, car si
vous tombez me voila à bas.

LELIO.

Moi tomber ! Je pars dés demain pour
Paris, voila comme je tombe.

ARLEQUIN

Ce voïage-là, pourroit bien être une
culebute à gauche, au lieu d'une culebute a
droite.

LELIO.

Point du tout, cette femme croiroit peut-
être que je serois sensible à son amour, &
je veux la laisser-là, pour lui prouver que
non.

ARLEQUIN.

Que ferai-je donc moi ?

LELIO.

Tu me suivras.

ARLEQUIN.

Mais je n'ai rien à prouver à Colombine.

LELIO

Bon, ta Colombine, il s'agit bien de Colombine : veux-tu encore aimer dis ? Ne te
souvient-il plus de ce que c'est qu'une femme ?

ARLEQUIN.

Je n'ai non plus de mémoire qu'un liévre,
quand je vois cette fille-là.

LELIO *avec distraction.*

Il faut avoüer que les bizarreries de l'esprit d'une femme, sont des pieges bien fi-
nement dressez contre nous !

ARLEQUIN.

Dites - moi, Monsieur, j'ai fait un gros
serment de n'être plus amoureux ; mais si
Colombine m'ensorcelle, je n'ai pas mis
cet article dans mon marché, mon serment
ne vaudra rien, n'est-ce pas?

LELIO *distrait.*

Nous verrons : Ce qui m'arrive avec la
Comtesse ne suffiroit-il pas pour jetter des
étincelles de passion dans le cœur d'un autre?
Oh, sans l'inimitié que j'ai voüée à l'amour,
j'extravaguerois actuellement peut - être :
Je sens bien qu'il ne m'en faudroit pas d'a-

vantage, je ſerois piqué, j'aimerois : Cela
iroit tout de ſuite.

ARLEQUIN.

J'ai toûjours entendu dire, il a du cœur
comme un Ceſar : Mais ſi ce Ceſar étoit à
ma place il ſeroit bien ſot.

LELIO continuant.

Le hazard me fait connoître une femme
qui haït l'amour ; nous lions cependant
commerce d'amitié, qui doit durer pendant nôtre ſejour ici : je la conduis chez elle,
nous nous quittons en bonne intelligence,
nous avons à nous revoir, je viens la trouver indifferemment, je ne ſonge non plus
à l'amour qu'à m'aller noïer, j'ai vû ſans
danger les charmes de ſa perſonne. Voila
qui eſt fini ce ſemble. Point du tout, cela
n'eſt pas fini, j'ai maintenant affaire à des
caprices, à des fantaiſies ; équipages d'eſprit que toute femme apporte en naiſſant :
Madame la Comteſſe ſe met à rêver, &
l'idée qu'elle imagine en ſe joüant, ſeroit
la ruine de mon repos ſi j'étois capable d'y
être ſenſible.

ARLEQUIN.

Mon cher maître, je crois qu'il faudra que
je ſaute le bâton.

LELIO.

Un billet m'arrête en chemin : Billet dia-
bolique, empoiſonné, où l'on écrit que
l'on ne veut plus me voir, que ce n'eſt pas

la peine. M'écrire cela à moi ! qui fuis en pleine fecurité, qui n'ai rien fait à cette femme, s'attend-on à cela ? Si je ne prens garde à moi, fi je raifonne à l'ordinaire, qu'en arrivera-t'il ? je ferai étonné, déconcerté ; premier dégré de folie, car je vois cela tout comme fi j'y étois ; aprés quoi, l'amour propre s'en mêle, je me croirois méprifé, parce qu'on s'eftime un peu, je m'aviferai d'être choqué, me voila foû complet: Deux jours aprés, c'eft de l'amour qui fe déclare, d'où vient-il ? pourquoi vient-il ? d'une petite fantaifie magique qui prend à une femme, & qui plus eft, ce n'eft pas fa faute à elle ; la nature a mis du poifon pour nous dans toutes fes idées : fon efprit ne peut fe retourner qu'à nôtre dommage, fa vocation eft de nous mettre en démence : Elle fait fa charge involontairement. Ah ! que je fuis heureux dans cette occafion-ci, d'être à l'abri de tous ces périls : Le voila ce billet infultant, malhonnête ; mais cette reflexion-là me met de mauvaife humeur ; les mauvais procedez n'ont toûjours déplû, & le vôtre eft un des plus déplaifant, Madame la Comteffe, je fuis bien fâché de ne l'avoir pas rendu à Colombine. •

A R L E Q U I N *entendant nommer fa*
Maitreffe.

Monfieur, ne me parlez plus d'elle, car,

voyez-vous, j'ai dans mon esprit qu'elle est amoureuse, & j'enrage.

LELIO.

Amoureuse? Elle amoureuse!

ARLEQUIN.

Oui, je la voïois tantôt qui badinoit, qui ne sçavoit que dire, elle tournoit autour du pot, je crois même qu'elle a tapé du pié, tout cela est signe d'amour, tout cela meine un homme à mal.

LELIO.

Si je m'imaginois que ce que tu dis fut vrai, nous partirions tout à l'heure pour Constantinople.

ARLEQUIN.

Eh mon maître, ce n'est pas la peine que vous faisiez ce chemin-là pour moi, je ne mérite pas cela, & il vaut mieux que j'aime que de vous coûter tant de dépense.

LELIO.

Plus j'y reve, & plus je vois qu'il faut que tu sois foû, pour me dire que je lui plaîts aprés son billet & son procedé.

ARLEQUIN.

Son billet! de qui parlez-vous?

LELIO.

D'elle.

ARLEQUIN.

Eh bien ce billet, n'est pas d'elle.

LELIO.

Il ne vient pas d'elle?

ARLEQUIN.

Pardi non, c'eft de la Comteffe.

LELIO.

Eh de qui diantre me parles-tu donc butord ?

ARLEQUIN.

Moi ! de Colombine , ce n'étoit donc pas à caufe d'elle que vous vouliez me mener à Conftantinople ?

LELIO.

Pefte foit de l'animal ! avec fon galimathias.

ARLEQUIN.

Je croïois que c'étoit pour moi que vous vouliez voïager.

LELIO.

Oh qu'il ne t'arrive plus de faire de ces méprifes-là , car j'étois certain que tu n'avois rien remarqué pour moi dans la Comteffe.

ARLEQUIN

Si fait j'ai remarqué qu'elle vous aimera bientôt.

LELIO.

Tu rêves.

ARLEQUIN.

Et je remarque que vous l'aimerez auffi.

LELIO.

Moi l'aimer ! moi l'aimer : tiens tu me feras plaifir de fçavoir adroitement de Colombine les difpofitions où elle fe trouve ;

car je veux ſçavoir à quoi m'en tenir : Et ſi contre toute apparence il ſe trouvoit dans ſon cœur une ombre de penchant pour moi; vîte à cheval : Je pars.

ARLEQUIN.

Bon, & vous partez demain pour Paris.

LELIO.

Qu'eſt-ce qui t'a dit cela ?

ARLEQUIN.

Vous : il n'y a qu'un moment, mais c'eſt que la mémoire vous faille comme à moi: Voulez-vous que je vous diſe, il eſt bien aiſé de voir que le cœur vous démange; vous parlez tout ſeul, vous faites des diſcours qui ont dix lieuës de long, vous voulez vous en aller en Turquie, vous mettez vos bottes, vous les ôtez, vous partez, vous reſtez, & puis du noir, & puis du blanc: Pardi quand on ne ſçait ni ce qu'on dit, ni ce qu'on fait, ce n'eſt pas pour des prunes: Et moi que ferai-je aprés, quand je vois mon Maître qui perd l'eſprit ? le mien s'en va de compagnie.

LELIO.

Je te dis qu'il ne me reſte plus qu'une ſimple curioſité, c'eſt de ſçavoir s'il ne ſe paſſeroit pas quelque choſe dans le cœur de la Comteſſe; & je donnerois tout à l'heure cent écus, pour avoir ſoupçonné juſte. Tâchons de le ſçavoir.

ARLEQUIN.

Mais encore une fois, je vous dis que Colombine m'attrapera, je le fens bien.

LELIO.

Ecoute, aprés tout, mon pauvre Arlequin, fi tu te fais tant de violence pour ne pas aimer cette fille-là, je ne t'ai jamais confeillé l'impoffible.

ARLEQUIN.

Par la mardi vous parlez d'or, vous m'ôtez plus de cent pefant de deffus le corps, & vous prenez bien la chofe. Franchement, Monfieur, la femme eft un peu vaurienne, mais elle a du bon : Entre-nous je la crois plus ratiere que malicieufe : Je m'en vais tâcher de rencontrer Colombine, & je ferai vôtre affaire. Je ne veux pas l'aimer, mais fi j'ai tant de peine à me retenir, adieu panier je me laifferai aller; fi vous m'en croïez vous ferez de même : Etre amoureux & ne l'être pas, ma foi je donnerai le choix pour un liard. C'eft mifere : j'aime mieux la mifere gaillarde que la mifere trifte : Adieu je vais travailler pour vous.

LELIO.

Attens : tiens ce n'eft pas la peine que tu y aille.

ARLEQUIN.

Pourquoi ?

LELIO.

LELIO.

C'eſt que ce que je pourrois apprendre ne me ſerviroit de rien. Si elle m'aime, que m'importe? ſi elle ne m'aime pas, je n'ai pas beſoin de le ſçavoir; ainſi je ferai mieux de reſter comme je ſuis.

ARLEQUIN.

Monſieur, ſi je deviens amoureux, je veux avoir la conſolation que vous le ſoïez auſſi, afin qu'on diſe toûjours, tel valet, tel maître: Je ne m'embaraſſe pas d'être un ridicule. pourvû que je vous reſſemble; ſi la Comteſſe vous aime, je viendrai vîtement vous le dire, afin que cela vous acheve: par bonheur que vous êtes déja bien avancé, & cela me fait un grand plaiſir. Je m'en vais voir l'air du Bureau.

✦✧✦✧✦✧✦✧✦✧✦✧✦✧✦✧✦✧✦✧✦✧✦

SCENE VI.

LELIO, JACQUELINE.

LELIO.

JE ne le querelle point, car il eſt déja tout égaré.

JACQUELINE.

Monſieur?

LELIO *diſtrait*.

Je prierai pourtant la Comteſſe d'ordonner à Colombine de laiſſer ce malheureux en repos: mais peut-être elle eſt bien

E

aife elle-même, que l'autre travaille à lui détraquer la cervelle, car Madame la Comtesse n'est pas dans le goût de m'obliger.

JACQUELINE.

Monfieur ?

LELIO *d'un air fâché, & agite.*

Eh bien, que veux-tu ?

JACQUELINE.

Je vians vous demander mon congé.

LELIO *fans l'entendre.*

Morbleu je n'entens parler que d'amour, eh laiffez-moi refpirer vous autres ! vous me laffez, faites comme il vous plaira, j'ai la tête remplie de femmes & de tendreffes : Ces maudites idées-là me fuivent par tout, elles m'affiegent, Arlequin d'un côté, les folies de la Comteffe de l'autre, & toi auffi.

JACQUELINE.

Monfieur, c'eft que je vians vous dire que je veux m'en aller.

LELIO.

Pourquoi ?

JACQUELINE.

C'eft que Piarre ne m'aime plus, ce méferable-là s'eft amouraché de la fille à Thomas : Tenez, Monfieur, ce que c'eft que la cruauté des hommes, je l'ai vû qui batifoloit avec elle ; moi, pour le faire venir, je lui ai fait comme ça avec le bras,

& y allons donc, & le vilain qu'il eſt m'a
fait comme cela un geſte du coude ; cela
vouloit dire, va te promener. Oh que les
hommes ſont traîtres ! voila qui eſt fait,
j'en ſuis ſi ſoûle, ſi ſoûle, que je n'en veux
plus entendre parler, & je vians pour cet
effet vous demander mon congé.

LELIO.

De quoi s'aviſe ce Coquin-là d'être in-
fidele ?

JACQUELINE.

Je ne comprens pas cela, il m'eſt avis
que c'eſt un rêve.

LELIO.

Tu ne le comprens pas ? c'eſt pourtant
un vice dont il a plû aux femmes d'enri-
chir l'humanité.

JACQUELINE.

Qui que ce ſoit, voila de belles ri-
cheſſes qu'on a boutées là dans le monde.

LELIO.

Va, va, Jacqueline, il ne faut pas que
tu t'en aille.

JACQUELINE.

Oh Monſieur, je ne veux pas reſter dans
le Village, car on eſt ſi foible ; ſi ce gar-
çon-là me recharchoit, je ne ſis pas ran-
cuneuſe, il y auroit du rapatriage, & je
prétens être broüillée.

LELIO.

Ne te preſſe pas, nous verrons ce que
dira la Comteſſe.

JACQUELINE.

Hom ! la voila cette Comtesse. Je m'en-
vas, Piarre est son valet, & ça me fâche
itou contre elle.

SCENE VII.

LELIO, LA COMTESSE *qui*
cherche à terre, avec application.

LELIO *la voïant chercher.*

Elle m'a fui tantôt : si je me retire, elle
croira que je prens ma revanche, &
que j'ai remarqué son procedé ; comme il
n'en est rien, il est bon de lui paroître tout
aussi indifferent que je le suis. Continuons
de rêver, je n'ai qu'à ne lui point parler
pour remplir les conditions du billet.

LA COMTESSE *cherchant toûjours.*
Je ne trouve rien.

LELIO.

Ce voisinage - là me déplaît : je crois que
je ferai fort bien de m'en aller, dût-elle
en penser ce qu'elle voudra.

Et puis la voïant approcher.

Oh parbleu, c'en est trop, Madame vous
m'avez fait l'honneur de m'écrire qu'il
étoit inutile de nous revoir, & j'ai trouvé
que vous pensiez juste. Mais je prendrai
la liberté de vous representer, que vous

me mettez hors d'état de vous obéïr : Le
moïen de ne vous point voir , je me trouve
prés de vous , Madame , vous venez juf-
qu'à moi : Je me trouve irregulier fans a-
voir tort.

LA COMTESSE.

Helas Monfieur , je ne vous voïois pas :
aprés cela quand je vous aurois vû , je ne
me ferois pas un grand fcrupule d'approcher de l'endroit où vous êtes , & je ne me
détournerois pas de mon chemin à caufe
de vous , je vous dirai cependant que vous
outrez les termes de mon billet , il ne fi-
gnifioit pas , haïffons-nous , foïons nous
odieux : Si vos difpofitions de haine ,
ou pour toutes les femmes , ou pour
moi , vous l'ont fait expliquer comme cela , & fi vous le pratiquez comme vous
l'entendez , ce n'eft pas ma faute. Je vous
plains beaucoup de m'avoir vûë , vous fouf-
frez apparemment , & j'en fuis fâchée ,
mais vous avez le champ libre , voila de la
place pour fuir , délivrez-vous de ma vûë :
Quant à moi , Monfieur , qui ne vous haït ,
ni ne vous aime , qui n'ai ni chagrin ni
plaifir à vous voir : vous trouverez bon
que j'aille mon train , que vous me foyez
un objet parfaitement indifferent , & que
j'agiffe tout comme fi vous n'étiez pas-là:
Je cherche mon portrait , j'ai befoin de
quelques petits diamants qui en ornent la

boëte, je l'ai prife pour les envoïer dé-
monter à Paris , & Colombine à qui je
l'ai donné pour le remettre à un de mes
gens qui part exprés , l'a perdu ; voila ce
qui m'occupe, & fi je vous avois apperçû-
là , il ne m'en auroit coûté que de vous prier
trés-froidement & trés-poliment de vous
détourner. Peut-être même , m'auroit-il
pris fantaifie de vous prier de chercher avec
moi , puifque vous vous trouvez là : car
je n'aurois pas deviné que ma préfence vous
affligeoit ; à préfent que je le fçais , je n'u-
ferai point d'une priere incivile : Fuïez vîte
Monfieur , car je continuë.

LELIO.

Madame, je ne veux point être incivile
non plus , & je refte puifque je puis vous
rendre fervice , je vais chercher avec vous.

LA COMTESSE.

Ah non , Monfieur , ne vous contraignez
pas ; allez-vous-en , je vous dis que vous
me haïffez, je vous l'ai dit , vous n'en dif-
convenez point : Allez-vous-en donc , ou
je m'en vais.

LELIO.

Barbleu Madame, c'eft trop fouffrir de
rebuts en un jour , & billet & difcours ,
tout fe reffemble : Adieu donc, Madame,
je fuis vôtre Serviteur.

LA COMTESSE.

Monfieur, je fuis vôtre Servante.

Quand il est parti, elle dit :

Mais à propos, cet étourdi qui s'en va & qui n'a point marqué positivement dans son billet ce qu'il vouloit donner à sa fermiere ; il me dit simplement qu'il verra ce qu'il doit faire : Ah ! je ne suis pas d'humeur à mettre toûjours la main à la plume : Je me mocque de sa haine, il faut qu'il me parle.

Dans l'instant elle part pour le rappeller,
quand il revient lui-même.

Quoi vous revenez ? Monsieur.

LELIO *d'un air aigrè.*

Oui, Madame je reviens, j'ai quelque chose à vous dire, & puisque vous voilà, ce sera un billet d'épargné & pour vous, & pour moi.

LA COMTESSE.

A la bonne heure, de quoi s'agit-il ?

LELIO.

C'est que le neveu de vôtre fermier ne doit plus compter sur Jacqueline : Madame, cela doit vous faire plaisir, car cela finit le peu de commerce forcé que nous avons ensemble.

LA COMTESSE.

Le commerce forcé ! Vous êtes bien difficile, Monsieur, & vos expressions sont bien naïves ! Mais passons. Pourquoi donc s'il vous plaît Jaqueline ne veut-elle pás de ce jeune homme ? que signifie ce capricela ?

LELIO.

Ce que signifie un caprice? je vous le demande, Madame, cela n'est point à mon usage, & vous le definiriez mieux que moi.

LA COMTESSE.

Vous pourriez cependant me rendre un bon compte de celui-ci, si vous vouliez: Il est vôtre ouvrage apparament ; je me mêlois de leur mariage, cela vous fatiguoit, vous avez tout arrêté: Je vous suis obligée de vos égards.

LELIO.

Moi, Madame !

LA COMTESSE.

Oui, Monsieur, il n'étoit pas nécessaire de vous y prendre de cette façon-là, cependant je ne trouve point mauvais que le peu d'interêts que j'avois à vous voir fût à charge: Je ne condamne point dans les autres ce qui est en moi, & sans le hazard qui nous rejoint ici, vous ne m'auriez vûë de vôtre vie, si j'avois pû.

LELIO.

Eh je n'en doute pas, Madame, je n'en doute pas.

LA COMTESSE.

Non, Monsieur, de vôtre vie ; eh pourquoi en douteriez vous? En verité je ne vous comprens pas ! Vous avez rompû avec les femmes, moi avec les hommes : vous n'a-

vez pas changé de fentimens , n'eſt-il pas
vrai ? d'où vient donc que j'en changerois ?
Surquoi en changerois-je ? y fongez-vous ?
Oh mettez-vous dans l'efprit que mon
opiniâtreté vaut bien la vôtre , & que je
n'en démordrai point.

LE110.

Eh Madame , vous m'en avez accablé
de preuves d'opiniâtreté ; ne m'en donnez
plus , voila qui eſt fini. Je ne fonge à rien
je vous aſſûre.

LA COMTESSE.

Qu'appellez-vous, Monfieur , vous ne
fongez à rien ? mais du ton dont vous le
dites , il femble que vous vous imaginez
m'annoncer une mauvaife nouvelle ? Eh
bien, Monfieur, vous ne m'aimerez jamais, cela eſt-il fi trifte ? Oh je le vois
bien , je vous ai écrit qu'il ne voit plus
nous voir , & je veux mourir fi vous n'a-
vez pris cela pour quelque agitation de
cœur ; aſſûrement vous me foupçonnez
de penchant pour vous. Vous m'aſſûrez
que vous n'en aurez jamais pour moi :
vous croïez me mortifier , vous le croïez
Monfieur Lelio , vous le croïez , vous
dis-je, ne vous en deffendez point. J'ef-
perois que vous me divertiriez en m'ai-
mant : Vous avez pris un autre tour , je
ne perds point au change, & je vous trouve
trés-divertiſſant comme vous êtes.

LELIO *d'un air riant & piqué.*

Ma foi, Madame, nous ne nous ennuïrons donc point enfemble, fi je vous réjoüis, vous n'êtes point ingrate : Vous efperiez que je vous divertirois, mais vous ne m'aviez pas dit que je ferois diverti : quoiqu'il en foit, brifons là-deſſus, la Comedie ne me plaît pas long-tems, & je ne veux être ni acteur, ni fpectateur.

LA COMTESSE *d'un ton badin.*

Ecoutez, Monfieur, vous m'avoüerez qu'un homme à vôtre place, qui fe croit aimé, fur-tout quand il n'aime pas, fe met en prife ?

LELIO

Je ne penfe point que vous m'aimez, Madame, vous me traitez mal, mais vous y trouvez du goût : N'ufez point de prétexte, je vous ai déplû d'abord ; moi fpecialement je l'ai remarqué, & fi je vous aimois ; de tous les hommes qui pourroient vous aimer, je ferois peut-être le plus humilié, le plus raillé, & le plus à plaindre.

LA COMTESSE.

D'où vous vient cette idée-là ? Vous vous trompez, je ferois fâchée que vous m'aimaſſiez ; parce que j'ai réfolu de ne point aimer : Mais quelque chofe que j'aïe dit, je croirois du moins devoir vous eftimer.

LELIO.

J'ai bien de la peine à le croire.

LA COMTESSE.

Vous êtes injuste ? je ne suis pas sans discernement : Mais à quoi bon faire cette supposition, que si vous m'aimiez je vous traiterois plus mal qu'un autre ? La supposition est inutile, puisque vous n'avez point envie de faire l'essai de mes manieres, que vous importe ce qui en arriveroit ? cela vous doit être indifferent ; vous ne m'aimez pas ? car enfin si je le pensois . . . .

LELIO.

Eh je vous prie, point de menace, Madame : vous m'avez tantôt offert vôtre amitié, je ne vous demande que cela, je n'ai besoin que de cela : Ainsi vous n'avez rien à craindre.

LA COMTESSE *d'un air froid.*

Puisque vous n'avez besoin que de cela, Monsieur, j'en suis ravie, je vous l'accorde, j'en serai moins gênée avec vous.

LELIO.

Moins gênée ; ma foi Madame, il ne faut pas que vous la soïez du tout, & tout bien pezé, je crois que nous ferons mieux de suivre les termes de vôtre billet.

LA COMTESSE.

Oh de tout mon cœur : allons Monsieur, re nous voions plus : Je fais présent de cent pistoles au nevèu de mon fermier ; vous me ferez sçavoir ce que vous voulez donner à la fille, & je verrai si je souscrirai à ce mariage, dont nôtre rupture va lever l'obstacle que vous y avez mis: soïons nous inconnûs l'un à l'autre ; j'oublie que je vous ai vû : je ne vous reconnoîtrai pas demain.

L E L I O.

Et moi, Madame, je vous reconnoîtrai toute ma vie , je ne vous oublirai point, vos façons avec moi , vous ont grave pour jamais dans ma mémoire.

L A C O M T E S S E.

Vous m'y donnerez la place qu'il vous plaira, je n'ai rien à me reprocher , mes façons ont été celle d'une femme raison-nable.

L E L I O.

Morbleu , Madame, vous êtes une Dame raisonnable , à la bonne heure , mais ac-cordez donc cette lettre avec vos premieres honnêtetez & avec vos offres d'amitié : Cela est inconcevable, aujourd'hui vôtre ami, demain rien. Pour moi, Madame, je ne vous ressemble pas, & j'ai le cœur aussi jaloux en amitié , qu'en amour : Ainsi nous ne nous convenons point.

L A C O M T E S S E.

Adieu , Monsieur, vous parlez d'un air bien dégagé, & presque offençant, si j'étois vaine : Cependant si j'en crois Colombine je vaux quelque chose à vos yeux-mêmes.

LELIO.

Un moment : Vous êtes de toutes les Dames que j'ai vû, celle qui vaut le mieux. Je fens même que j'ai du plaifir à vous rendre cette juftice-là : Colombine vous en a dit d'avantage, c'eft une vifionnaire, non-feulement fur mon chapitre, mais encore fur le vôtre : Madame, je vous en avertis, ainfi n'en croïez jamais au rapport de vos Domeftiques.

LA COMTESSE.

Comment ? que dites-vous, Monfieur ? Colombine vous auroit fait entendre ... Ah l'impertinente ! Je la vois qui paffe. Colombine venez ici ?

SCENE VIII.

LA COMTESSE, LELIO.

COLOMBINE.

COLOMBINE *arrive*.

QUe me voulez-vous ? Madame.

LA COMTESSE.

Ce que je veux ?

COLOMBINE.

Si vous ne voulez rien, je m'en retourne.

La Comtesse.

Parlez ? quels difcours avez-vous tenu
à Monfieur fur mon compte ?

Colombine.

Des difcours trés - fenfez à mon ordinaire.

La Comtesse.

Je vous trouve bien hardie d'ofer, fuivant vôtre petite cervelle , tirer de folles
conjectures de mes fentimens ; & je voudrois bien vous demander fur quoi vous
avez compris que j'aime Monfieur , à qui
vous l'avez dit ?

Colombine.

N'eft-ce que cela ? je vous jure que je
l'ai crû comme je l'ai dit , & je l'ai dit
pour le bien de la chofe. C'étoit pour a-
breger vôtre chemin à l'un & à l'autre,
car vous y viendrez tous deux. Cela ira-là,
& fi la chofe arrive je n'aurai fait aucun
mal : A vôtre égard, Madame , je vais vous
expliquer fur quoi j'ai penfé que vous ai-
miez.

La Comtesse *lui coupant la parole.*

Je vous deffends de parler.

Lelio *d'un air doux & modefte.*

Je fuis honteux d'être la caufe de cette
explication-là, mais vous pouvez être per-
fuadée que ce qu'elle a pû me dire ne m'a
fait aucune impreffion : Non Madame,
vous ne m'aimez point, & j'en fuis con-

vaincu, & je vous avouërai même dans le moment où je suis, que cette conviction m'eſt néceſſaire: je vous laiſſe. Si nos païſans ſe raccommodent, je verrai ce que je puis faire pour eux : Puiſque vous vous intereſſez à leur mariage, je me ferai un plaiſir de le hâter, & j'aurai l'honneur de vous porter tantôt ma réponſe, ſi vous me le permettez.

La Comtesse *quand il eſt parti.*

Juſte Ciel ! que vient-il de me dire ! & d'où vient que je ſuis émûë de ce que je viens d'entendre. Cette conviction m'eſt abſolument néceſſaire ! Non, cela ne ſignifie rien, & je n'y veux rien comprendre.

Colombine *à part.*

Oh nôtre amour ſe fait grand ! il parlera bientôt bon françois.

Fin du ſecond Acte.

ACTE III.

SCENE I.

ARLEQUIN, COLOMBINE.

COLOMBINE *à part les premiers mots.*

BAttons-lui toûjours froid : Tous les diamans y font , rien n'y manque, hors le portrait que Monfieur Lelio a gardé : C'eft un grand bonheur que vous aïez trouvé cela ; je vous rends la boëte, il eft jufte que vous la donniez vous-même à Madame la Comteffe : Adieu je fuis preffée.

ARLEQUIN *l'a rête.*

Eh là , là , ne vous en allez pas fi vîte , je fuis de fi bonne humeur.

COLOMBINE.

Je vous ai dit ce que je penfois de ma Maîtreffe à l'égard de vôtre Maître : Bonjour.

ARLEQUIN.

Eh bien dites à cette heure ce que vous penfez de moi , hé , hé , hé.

COLOMBINE.

Je penfe de vous, que vous m'ennuiriez

fi je reftois plus long-tems.

ARLEQUIN.

Fi, la mauvaife penfée, caufons pour chaffer cela, c'eft une migraine.

COLOMBINE.

Je n'ai pas le temps, Monfieur Arlequin.

ARLEQUIN

Et allons donc, faut-il avoir des manieres comme cela avec moi ? vous me traitez de Monfieur, cela eft-il honnête ?

COLOMBINE.

Trés-honnête. Mais vous m'amufez; laiffez-moi : que voulez-vous que je faffe ici ?

ARLEQUIN.

Me dire comment je me porte : par exemple, me faire de petites queftions. Arlequin par-ci, Arlequin par-là ; me demander comme tantôt, fi je vous aime : que fçait-on ? peut-être je vous répondrai que oüi.

COLOMBINE.

Oh je ne m'y fie plus.

ARLEQUIN.

Si fait, fi fait ; fiez-vous y pour voir.

COLOMBINE.

Non, vous haïffez trop les femmes.

ARLEQUIN.

Cela m'a paffé ; je leur pardonne.

COLOMBINE.

Et moi, à compter d'aujourd'hui, je me

F

broüille avec les hommes, dans un an, ou deux, je me raccommoderai peut-être avec ces nigauds-la.

ARLEQUIN.

Il faudra donc que je me tienne pendant ce temps-là, les bras croifez, à vous voir venir, moi.

COLOMBINE.

Voïez-moi venir dans la pofture qu'il vous plaira, que m'importe ? que vos bras foïent croifez, ou ne le foïent pas ?

ARLEQUIN.

Par la fambille, j'enrage. Maudit efprit lunatique, que je te donnerois de grand cœur un bon coup de poing, fi tu ne portois pas une cornette.

COLOMBINE *riant*.

Ah ! je vous entends, vous m'aimez, j'en fuis fâchée, mon ami : le Ciel vous affifte.

ARLEQUIN.

Mardi oui, je t'aime. Mais laiffe-moi faire ; tien, mon chien d'amour s'en ira, je m'étranglerois plûtôt : je m'en vais être ivrogne, je joüerai à la boulle toute la journée, je prierai mon maître de m'apprendre le picquet, je joüerai avec lui ou avec moi, je dormirai plûtôt que de refter fans rien faire. Tu verras, va ; je cours tirer bouteille, pour commencer.

COLOMBINE.

Tu mériterois que je te fiffe expirer de pur chagrin, mais je fuis génereufe : Tu as méprifé toutes les fuivantes de France en ma perfonne, je les reprefente. Il faut une réparation à cette infulte ; à mon égard je t'en quitterois volontiers, mais je ne puis trahir les interêts & l'honneur d'un Corps fi refpectable pour toi; fais lui donc fatisfaction. Demande lui à genoux pardon de toutes tes impertinences, & la grace t'eft accordée.

ARLEQUIN.

M'aimeras-tu aprés cette autre impertinence-là?

COLOMBINE.

Humilie-toi, & tu feras inftruit.

ARLEQUIN *fe mettant à genoux.*

Pardi je le veux bien. Je demande pardon à ce drôle de Corps, pour qui tu parles.

COLOMBINE.

En diràs-tu du bien ?

ARLEQUIN.

C'eft une autre affaire. Il eft deffendu de mentir.

COLOMBINE.

Point de grace.

ARLEQUIN.

Accomodons-nous. Je n'en dirai ni bien ni mal. Eft-ce fait ?

COLOMBINE.

Hé! la réparation eſt un peu cavaliere, mais le Corps n'eſt pas formaliſté : baiſe-moi la main, en ſigne de paix, & leve-toi. Tu me parois vraiement repentant, cela me fait plaiſir.

ARLEQUIN *relevé.*

Tu m'aimeras au moins ?

COLOMBINE.

Je l'eſpere.

ARLEQUIN *ſautant.*

Je me ſens plus leger qu'une plume.

COLOMBINE.

Ecoute, nous avons interêt de hâter l'amour de nos Maîtres, il faut qu'ils ſe marient enſemble.

ARLEQUIN.

Oui, afin que je t'épouſe, pardeſſus le marché.

COLOMBINE.

Tu l'as dit. N'oublions rien pour les conduire à s'avoüer qu'ils s'aiment : Quand tu rendras la boëte à la Comteſſe, ne manque pas de lui dire pourquoi ton maître en gai de le portrait? je la vois qui rêve, retire-toi, & reviens dans un moment, de peur qu'en nous voïant enſemble, elle ne nous ſoup-çonne d'intelligence. J'ai deſſein de la faire parler ; je veux qu'elle ſçache qu'elle aime : ſon amour en ira mieux, quand elle ſe l'a-vouera,

SCENE II.

LA COMTESSE, COLOMBINE,

LA COMTESSE, *d'un air de*
méchante humeur.

AH ! vous voila, a-t-on trouvé mon
portrait ?

COLOMBINE.

Je n'en sçai rien, Madame, je le fais
chercher.

LA COMTESSE.

Je viens de rencontrer Arlequin, ne vous
a-t-il point parlé ? n'a t-il rien à me dire
de la part de son Maître ?

COLOMBINE.

Je ne l'ai pas vû.

LA COMTESSE.

Vous ne l'avez pas vû ?

COLOMBINE.

Non Madame.

LA COMTESSE.

Vous êtes donc aveugle ? Avez-vous dit
au Cocher de mettre les chevaux au ca-
rosse ?

COLOMBINE.

Moi ! non, vraiement.

LA COMTESSE.

Eh pourquoi, s'il vous plaît ?

COLOMBINE.

Faute de sçavoir deviner.

LA COMTESSE.

Comment deviner ? Faut - il tant de fois vous répeter les choses ?

COLOMBINE.

Ce qui n'a jamais été dit, n'a pas été répeté, Madame, cela est clair : demandez cela à tout le monde?

LA COMTESSE.

Vous êtes une grande raisonneuse ?

COLOMBINE.

Qui diantre sçavoit que vous voulussiez partir, pour aller quelque part : Mais je m'en vais avertir le Cocher.

LA COMTESSE.

Il n'est plus temps.

COLOMBINE.

Il ne faut qu'un instant.

LA COMTESSE.

Je vous dis qu'il est trop tard.

COLOMBINE.

Peut - on vous demander où vous vouliez aller Madame ?

LA COMTESSE.

Chez ma sœur qui est à sa Terre : J'avois dessein d'y passer quelques jours.

COLOMBINE.

Et la raison de ce dessein-là ?

LA COMTESSE.

Pour quitter Lelio, qui s'avise de m'aimer, je pense.

COLOMBINE.

Oh! r'assurez-vous, Madame, je crois maintenant qu'il n'en est rien.

LA COMTESSE.

Il n'en est rien ? je vous trouve plaisante de me venir dire, qu'il n'en est rien ; vous de qui je sçai la chose en partie.

COLOMBINE.

Cela est vrai, je l'avois crû, mais je vois que je me suis trompée.

LA COMTESSE.

Vous êtes faite aujourd'hui pour m'impatienter.

COLOMBINE.

Ce n'est pas mon intention.

LA COMTESSE.

Non, d'aujourd'hui, vous ne m'avez répondu que des impertinences.

COLOMBINE.

Mais, Madame, tout le monde se peut tromper.

LA COMTESSE.

Je vous dis encore une fois, que cet homme-là m'aime, & que je vous trouve ridicule de me disputer cela? prenez y garde, vous me répondrez de cet amour-là, au-moins ?

COLOMBINE.

Moi, Madame, m'a-t-il donné son cœur
en garde ? Eh que vous importe, qu'il vous
aime ?

LA COMTESSE.

Ce n'est pas son amour qui m'importe, je
ne m'en soucie gueres, mais il m'importe de
ne point prendre de fausses idées des gens,
& de n'être pas la duppe éternelle de vos
étourderies !

COLOMBINE.

Voila un sujet de querelle furieusement
tiré par les cheveux : cela est bien subtil ?

LA COMTESSE.

En verité, je vous admire dans vos ré-
cits ! Monsieur Lelio vous aime, Madame,
j'en suis certaine, vôtre billet l'a piqué, il
l'a reçû en colere, il l'a lû de même, il
a pâli, il a rougi. Dîtes - moi sur un pa-
reil rapport, qui est-ce qui ne croira pas
qu'un homme est amoureux ? Cependant
il n'en est rien, il ne plaît plus à Mademoiselle que cela soit, elle s'est trompée.
Moi, je compte là-dessus, je prends des mesures pour me retirer. Mesures perduës.

COLOMBINE.

Quelles si grandes mesures avez vous
donc prises, Madame ? si vos ballots sont
faits, ce n'est encore qu'en idée, & cela ne dérange rien. Au bout du compte tant
mieux s'il ne vous aime point.

LA COMTESSE.

Oh vous croïez que cela va comme vôtre tête avec vôtre tant mieux : il feroit à fouhaiter qu'il m'aimat, pour juftifier le reproche que je lui en ai fait, je fuis défolée d'avoir accufé un homme d'un amour qu'il n'a pas; mais fi vous vous êtes trompée, pourquoi Lelio m'a-t-il fait prefque entendre qu'il m'aimoit? parlez-donc? me prenez vous pour une bête?

COLOMBINE.

Le Ciel m'en préferve.

LA COMTESSE.

Que fignifie le difcours qu'il m'a tenu en me quittant : Madame vous ne m'aimez point, j'en fuis convaincu, & je vous avouërai que cette conviction, m'eft abfolument néceffaire; n'eft-ce pas tout comme s'il m'avoit dit, je ferois en danger de vous aimer, fi je croïois que vous puiffiez m'aimer vous même? Allez, allez, vous ne fçavez ce que vous dites, c'eft de l'amour que ce fentiment là?

COLOMBINE.

Cela eft plaifant! je donnerois à ces paroles-là, moi, toute une autre interprétation, tant que je les trouve équivoques!

LA COMTESSE.

Oh je vous prie, gardez votre belle interprétation, je n'en fuis point curieufe, je vois d'ici qu'elle ne vaut rien.

COLOMBINE.

Je la crois pourtant auſſi naturelle que la vôtre, Madame?

LA COMTESSE.

Pour la rareté du fait, voyons donc.

COLOMBINE.

Vous ſçavez que Monſieur Lelio fuit les femmes! cela poſé, éxaminons ce qu'il vous dit ; vous ne m'aimez pas, Madame, j'en ſuis convaincu, & je vous avoüerai que cette conviction m'eſt abſolument néceſſaire ; c'eſt-à-dire pour reſter où vous êtes, j'ay beſoin d'être certain que vous ne m'aimez pas, ſans quoi je décamperois, c'eſt une penſée deſobligeante, entortillée dans un tour honnête, cela me paroît aſſez net.

LA COMTESSE *aprés avoir rêvé.*

Cette fille-là n'a jamais eû d'eſprit que contre moi ; mais, Colombine, l'air affectueux & tendre qu'il a joint à cela?..

COLOMBINE.

Cet air-là, Madame, peut ne ſignifier encore qu'un homme honteux de dire une impertinence, & qu'il l'adoucit le plus qu'il peut.

LA COMTESSE.

Non, Colombine, cela ne ſe peut pas, tu n'y étois point ; tu ne lui a pas vû prononcer ces paroles-là, je t'aſſûre qu'il les a dites d'un ton de cœur attendri. Par quel eſprit de contradiction veux-tu penſer autre-

ment ? J'y étois, je m'y connois, ou bien
Lelio est le plus fourbe de tous les hommes?
& s'il ne m'aime pas, je fais vœu de détes-
ter son caractere? oüi son honneur y est en-
gagé, il faut qu'il m'aime ou qu'il soit un
mal-honnête homme ; car il a donc voulu
me faire prendre le change?

COLOMBINE.

Il vous aimoit peut-être, & je lui avois
dit, que vous pourriez l'aimer ; mais vous
vous êtes fâchée, & j'ai détruit mon
ouvrage : j'ay dit tantôt à Arlequin que
vous ne songiez nullement à lui : que
j'avois voulu flatter son maître pour me
divertir, & qu'enfin Monsieur Lelio étoit
l'homme du monde que vous aimeriez le
moins.

LA COMTESSE.

Et cela n'est pas vrai ? de quoi vous mê-
lez-vous, Colombine, si Monsieur Lelio
a du penchant pour moi? De quoi vous avi-
sez-vous d'aller mortifier un homme à qui
je ne veux point de mal ? que j'estime ? il
faut avoir le cœur bien dur, pour donner
du chagrin aux gens, sans necessité ! en verité, vous avez juré de me desobliger !

COLOMBINE.

Tenez, Madame, dûssiez-vous me que-
reller, vous aimez cet homme à qui vous
ne voulez point de mal ? oüi vous l'aimez.

LA COMTESSE *d'un ton froid.*

Retirez-vous.

COLOMBINE.

Je vous demande pardon.

LA COMTESSE.

Retirez-vous, vous dis-je, j'aurai foin demain de vous payer & de vous renvoyer à Paris.

COLOMBINE.

Madame, il n'y a que l'intention de puniffable; & je fais ferment que je n'ay eû nul deffein de vous fâcher; je vous refpecte & je vous aime, vous le fçavez.

LA COMTESSE.

Colombine, je vous paffe encore cette fotife-la : obfervez-vous bien dorefnavant.

COLOMBINE, *à part les premiers mots.*

Voïons la fin de cela Je vous l'avouë, une feule chofe me chagrine; c'eft de m'appercevoir que vous manquez de confiance pour moi, qui ne veux fçavoir vos fecrets que pour vous fervir; de grace, ma chere Maîtreffe, ne me donnez plus ce chagrin-là, récompenfez mon zele pour vous, ouvrez-moi votre cœur, vous n'en ferez point fâchée.

Colombine approchant de fa Maîtreffe, & la careffant.

LA COMTESSE.

Ah !

COLOMBINE.

Eh bien ! Voila un foûpir : c'eft un com-
mencement de franchife ; achevez donc?

LA COMTESSE.

Colombine?

COLOMBINE.

Madame.

LA COMTESSE.

Aprés tout, aurois-tu raifon ? Eft-ce que
j'aimerois ?

COLOMBINE.

Je crois que oüi : mais, d'où vient vous
faire un fi grand monftre de cela, eh bien,
vous aimez, voila qui eft bien rare !

LA COMTESSE.

Non, je n'aime point encore.

COLOMBINE.

Vous avez l'équivalant de cela.

LA COMTESSE.

Quoy ! je pourrois tomber dans ces mal-
heureufes fituations fi pieines de troubles,
d'inquiétudes, de chagrins : moi, moi ! non
Colombine, cela n'eft pas fait encore, je
ferois au defefpoir. Quand je fuis venuë ici
j'étois trifte ; tu me demandois ce que j'a-
vois : ah Colombine ! c'étoit un préfenti-
ment du malheur qui devoit m'arriver.

COLOMBINE.

Voici Arlequin qui vient à nous, renfer-
mez vos regrets.

SCENE III.

ARLEQUIN, LA COMTESSE,

COLOMBINE.

ARLEQUIN.

Madame, mon Maître m'a dit que vous avez perdu une boëte de portrait : je sçais un homme qui l'a trouvée : de quelle couleur est-elle ? combien y a-t-il de diamans ? sont-ils gros ou petits ?

COLOMBINE.

Montre , nigaud? te méfies-tu de Madame? Tu fais là d'impertinentes questions !

ARLEQUIN.

Mais, c'est la coûtume d'interroger le monde, pour plus grande sûreté : je n'y pense point à mal.

LA COMTESSE.

Où est-elle cette boëte ?

ARLEQUIN *la montrant.*

La voila, Madame, un autre que vous ne la verroit pas, mais vous êtes une femme de bien.

LA COMTESSE.

C'est la même, tiens prens cela en revanche.

ARLEQUIN.

Vivent les revanches , le Ciel vous foit
en aide.

LA COMTESSE.

Le portrait n'y eft pas ?

ARLEQUIN.

Chut, il n'eft pas perdu, c'eft mon maître
qui le garde.

LA COMTESSE.

Il me garde mon portrait , qu'en veut-
il faire ?

ARLEQUIN.

C'eft pour vous mirer quand il ne vous
voit plus : il dit que ce portrait reffemble
à une coufine qui eft morte , & qu'il aimoit beaucoup : Il m'a deffendu d'en rien
dire , & de vous faire acroire qu'il eft perdu; mais il faut bien vous donner de la mar-
chandife pour vôtre argent. *Motus* , le
pauvre homme en tient.

COLOMBINE.

Madame, la coufine dont il parle , peut
être morte , mais la coufine qu'il ne dit pas
fe porte bien , & vôtre coufin n'eft pas
vôtre parent.

ARLEQUIN.

Hé, hé, hé.

LA COMTESSE.

Dequoi ris - tu ?

ARLEQUIN.

De ce drôle de coufin : Mon maître croit

bonnement qu'il garde le portrait à caufe
de la coufine ; & il ne fçait pas que c'eft à
caufe de vous, cela eft rifible, il fait des
quiproquo d'Apoticaire.

LA COMTESSE.

Eh que fçait-tu fi c'eft à caufe de moi ?

ARLEQUIN.

Je vous dis que la coufine eft un conte
à dormir de bout. Eft-ce qu'on dit des injures à la copie d'une coufine qui eft morte ?

COLOMBINE.

Comment, des injures ?

ARLEQUIN

Oui, je l'ai laiffé là bas qui fe fâche
contre le vifage de Madame ; il le querelle
tant qu'il peut, de ce qu'il aime. Il y a à
mourir de rire de le voir faire. Quelquefois il met de bons gros foupirs, au bout
des mots qu'il dit : Oh ! de ces foûpirs-là
la coufine deffunte, n'en tâte que d'une
dent.

LA COMTESSE.

Colombine, il faut abfolument qu'il me
rende mon portrait, cela eft de conféquence
pour moi : Je vais lui demander, je ne fouf-
frirai pas mon portrait entre les mains
d'un homme. Où fe promene-t-il ?

ARLEQUIN.

De ce côté-là : vous le trouverez fans
faute, à droite ou à gauche.

SCENE

SCENE IV.

LELIO, COLOMBINE, ARLEQUIN.

ARLEQUIN.

SOn cœur va-t-il bien ?

COLOMBINE.

Oh je te réponds qu'il va grand train ;
mais voici ton Maître, laisse-moi faire.

LELIO *arrive.*

Colombine, où est Madame la Comesse ?
je souhaiterois lui parler.

COLOMBINE.

Madame la Comtesse va je, pense, partir tout à l'heure pour Paris.

LELIO.

Quoi sans me voir ! sans me l'avoir dit !

COLOMBINE.

C'est bien à vous, à vous appercevoir
de cela ; n'avez-vous pas dessein de vivre
en sauvage, dequoi vous plaignez-vous ?

LELIO.

De quoi je me plains ? la question est sin-
guliere, Mademoiselle Colombine ; voila-
donc le penchant que vous lui connoissiez
pour moi. Partir sans me dire adieu, &

vous voulez que je fois un homme de bon
fens, & que je m'accomode de cela, moi !
non, les procedez bizarres me révolteront
toûjours.

CO L O M B I N E

Si elle ne vous a pas dit adieu, c'eft qu'entre amis on en agit fans façon.

L E L I O.

Amis ! Oh doucement, je veux du vrai
dans mes amis, des manieres franches &
ftables, & je n'en trouve point-la ; dorefnavant je ferai mieux de n'être ami de
perfonne, car je vois bien qu'il n'y a que
du faux par tout.

C O L O M B I N E.

Lui ferai-je vos complimens ?

A R L E Q U I N.

Cela fera honnête.

L E L I O.

Et moi je ne fuis point aujourd'hui dans
le goût d'être honnête, je fuis las de la bagatelle.

C O L O M B I N E.

Je vois bien que je ne ferai rien par la
feinte, il vaut mieux vous parler franchement. Monfieur, Madame la Comteffe, ne
part pas, Elle attend pour fe déterminer
qu'elle fçache fi vous l'aimez, ou non ;
mais dites-moi naturellement vous-même
ce qui en eft, c'eft le plus court ?

LELIO.

C'eſt le plus court il eſt vrai, mais j'y trouve pourtant de la dificulté, car enfin dirai-je que je ne l'aime pas ?

COLOMBINE.

Oui, ſi vous le penſez.

LELIO.

Mais, Madame la Comteſſe eſt aimable, & ce ſeroit une groſſiereté.

ARLEQUIN.

Tirez vôtre réponſe à la courte-paille.

COLOMBINE.

Eh bien, dites que vous l'aimez.

LELIO.

Mais en vérité c'eſt une tirannie que cette alternative-là ; ſi je vais dire que je l'aime, cela dérangera peut être Madame la Comteſſe? cela la fera partir, ſi je dis que je ne l'aime point ?

COLOMBINE.

Peut-être auſſi partira-t-elle ?

LELIO.

Vous voïez donc bien que cela eſt embaraſſant.

COLOMBINE.

Adieu je vous entens, je lui rendrez compte de vôtre indifference, n'eſt-ce pas ?

LELIO.

Mon indifference, voila un beau rapport, & cela me feroit un joli Cavalier. Vous décidez bien cela à la legere ; en ſçavez - vous plus que moi ?

COLOMBINE.

Déterminez-vous donc.

LELIO.

Vous me mettez dans une défagréable fituation : Dites-lui que je fuis plein d'ef_time , de confidération & de refpect pour elle.

ARLEQUIN.

Difcours de normant , que tout cela.

COLOMBINE.

Vous me faites pitié.

LELIO.

Qui , moi ?

COLOMBINE.

Oui , & vous êtes un étrange homme de ne m'avoir pas confié que vous l'ai-miez.

LELIO.

Eh Colombine le fçavois-je ?

ARLEQUIN.

Ce n'eft pas ma faute , je vous en avois averti.

LELIO.

Je ne fçais où je fuis.

COLOMBINE.

Ah vous voila dans le ton , fongez à dire toûjours de même , entendez-vous Mon-fieur de l'hermitage ?

LELIO.

Que fignifie cela ?

COLOMBINE.

Rien ; finon que je vous ai donné la queftion, & que vous avez jafé dans vos fouffrances : Tenez-vous guai, l'homme indifferent, tout ira bien. Arlequin je te le recommande, inftruis-le plus amplement, je vais chercher l'autre.

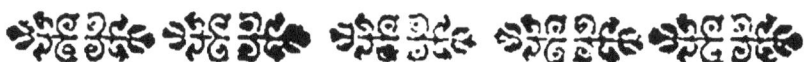

SCENE V.

LELIO, ARLEQUIN.

ARLEQUIN.

AH ça, Monfieur, voila qui eft donc fait! c'eft maintenant qu'il faut dire: va comme je te pouffe : vive l'amour mon cher Maître, & faites chorus, car il n'y a pas deux chemins : Il faut paffer par-là, ou par la fenêtre.

LELIO.

Ah je fuis un homme fans jugement.

ARLEQUIN.

Je ne vous difpute point cela.

LELIO.

Arlequin, je ne devois jamais revoir de femmes.

ARLEQUIN.

Monfieur, il falloit donc devenir aveugle.

LELIO.

Il me prend envie de m'enfermer chez moi, & de n'en sortir de six mois.

ARLEQUIN *siffle.*

LELIO.

Dequoi t'avises-tu de siffler ?

ARLEQUIN.

Vous dites une chanson, & je l'accompagne : Ne vous fâchez pas, j'ai de bonnes nouvelles à vous apprendre ; cette Comtesse vous aime, & la voila qui vient vous donner le dernier coup à vous.

LELIO *à part.*

Cachons-lui ma foiblesse ; peut être ne la sçait-elle pas encore.

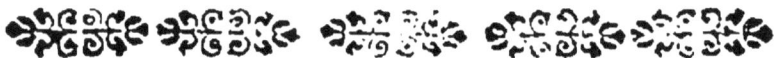

SCENE VI.

LA COMTESSE, LELIO, ARLEQUIN.

LA COMTESSE.

MOnsieur, vous devez sçavoir ce qui m'ameine.

LELIO.

Madame, je m'en doute du moins, & je consens à tout : Nos païsans se sont racommodez & je donne à Jacqueline autant que vous donnez à son amant : C'est

de quoi j'allois prendre la liberté de vous
informer.

LA COMTESSE.

Je vous suis obligée de finir cela, Monsieur, mais j'avois quelqu'autre chose à
vous dire ; bagatelle pour vous, & assez
importante pour moi.

LELIO.

Que seroit-ce donc ?

LA COMTESSE.

C'est mon portrait, qu'on m'a dit que
vous avez, & je viens vous prier de me
le rendre, rien ne vous est plus inutile.

LELIO.

Madame, il est vrai, qu'Arlequin a trouvé une boête de portrait que vous cher-
chiez, je vous l'ai fait remettre sur le champ;
s'il vous a dit autre chose, c'est un étourdi, & je voudrois bien lui demander où est
le portrait dont il parle ?

ARLEQUIN *timidement.*

Eh Monsieur!

LELIO.

Quoi?

ARLEQUIN.

Il est dans vôtre poche.

LELIO.

Vous ne sçavez ce que vous dites.

ARLEQUIN.

Si fait, Monsieur, vous vous souvenez-
bien que vous lui avez parlé tantôt, je vous

G iiij

l'ai vû mettre aprés dans la poche du côté
gauche.　　LELIO.

Qu'elle impertinence !

LA COMTESSE.

Cherchez, Monſieur, peut-être avez-vous
oublié que vous l'avez tenu ?

LELIO..

Ah, Madame, vous pouvez m'en croire.

ARLEQUIN.

Tenez Monſieur, tâté, Madame, le voilà.

LA COMTESSE *touchant à la poche
de la veſte.*

Cela eſt vrai. Il me paroît que c'eſt lui.

LELIO *mettant la main dans ſa poche, & honteux d'y trouver le Portrait.*

Voïons donc, il a raiſon ! Le voulez-vous,
Madame ?

LA COMTESSE *un peu confuſe.*

Il le faut bien, Monſieur.

LELIO.

Comment-donc cela s'eſt-il fait ?

ARLEQUIN.

Eh ! c'eſt que vous vouliez le garder, à
cauſe, diſiez-vous, qu'il reſſembloit à une
couſine qui eſt morte, & moi qui ſuis fin,
je vous diſois que c'étoit à cauſe qu'il reſſembloit à Madame, & cela étoit vrai.

LA COMTESSE.

Je ne vois point d'apparence à cela.

LELIO.

En vérité Madame, je ne comprens pas

ce coquin-là.

à part

Tu me la païeras.

ARLEQUIN.

Madame la Comtesse ? voila Monsieur qui menace derriere vous.

Moi ! LELIO.

ARLEQUIN.

Oui, parce que je dis la vérité : Madame vous me feriez bien du plaisir de l'obliger à vous dire qu'il vous aime, il n'aura pas plûtôt avoüé cela, qu'il me pardonnera.

LA COMTESSE.

Va, mon ami, tu n'as pas besoin de mon intercession.

LELIO.

Eh Madame, je vous assure que je ne lui veux aucun mal, il faut qu'il ait l'esprit troublé : Retire toi, & ne nous romps plus la tête de tes sots discours.

Arlequin s'en va & un moment après
Lelio continue.

Je vous prie Madame de n'être point fâchée de ce que j'avois vôtre portrait, j'étois dans l'ignorance.

LA COMTESSE *d'un air embarassée.*

Ce n'est rien que cela, Monsieur.

LELIO.

C'est une avanture qui ne laisse pas que d'avoir un air singulier.

LA COMTESSE.

Effectivement.

LELIO.

Il n'y a perſonne qui ne ſe perſuade la-
deſſus que je vous aime.

LA COMTESSE.

Je l'aurois crû moi-même , ſi je ne vous
connoiſſois pas.

LELIO.

Quand vous le croiriez encore , je ne vous
eſtimerois guerres moins clair voyante.

LA COMTESSE.

On n'eſt pas clair-voyante quand on ſe
trompe , & je me tromperois.

LELIO.

Ce n'eſt preſque pas une erreur que cela ,
la choſe eſt ſi naturelle à penſer !

LA COMTESSE.

Mais , voudriez-vous que j'euſſe cette er-
reur-là ?

LELIO.

Moi , Madame : vous êtes la maîtreſſe,

LA COMTESSE.

Et vous le maître , Monſieur.

LELIO.

De quoi le ſuis-je ?

LA COMTESSE.

D'aimer ou de n'aimer pas.

LELIO.

Je vous reconnois : l'alternative eſt bien
de vous , Madame !

LA COMTESSE.

Eh, pas trop !

LELIO.

Pas trop.... ſi j'oſois interpreter ce mot-là !

LA COMTESSE.

Et que trouvez-vous donc qu'il ſignifie ?

LELIO.

Ce qu'apparament vous n'avez pas penſé.

LA COMTESSE.

Voyons.

LELIO.

Vous ne me le pardonneriez jamais.

LA COMTESSE.

Je ne ſuis pas vindicative.

LELIO *à part.*

Ah ! je ne ſçai ce que je dois faire !

LA COMTESSE *d'un air impatient.*

Monſieur Lelio, expliquez-vous, & ne vous attendez pas que je vous devine.

LELIO.

Eh bien, Madame ! me voilà expliqué ; m'entendez-vous ? vous ne répondez rien ; vous avez raiſon : mes extravagances ont combattu trop long-temps contre vous, & j'ai mérité votre haine.

LA COMTESSE.

Levez-vous, Monſieur.

LELIO.

Non, Madame : condamnez-moi, ou faites-moi grace.

LA COMTESSE *confuse.*

Ne me demandez rien à prefent : reprenez le Portrait de votre parente, & laiffez-moi refpirer.

ARLEQUIN

Vivat, enfin, voilà la fin.

COLOMBINE.

Je fuis contente de vous, Monfieur Lelio.

PIERRE.

Parguenne ça me boutte la joie au cœur.

LELIO.

Ne vous mettez en peine de rien mes Enfans, j'aurai foin de vôtre nôce.

PIERRE.

Grand marci : mais morgué pifque je fommes en joie, j'allons faire venir les Meneftriers que j'avons retenu.

ARLEQUIN.

F Colombine : pour nous, allons nous marier fans cérémonie.

COLOMBINE.

Avant le mariage il en faut un peu ; aprés le mariage je t'en difpenfe.

DIVERTISSEMENT.

LE CHANTEUR.

JE ne crains point que Mathurine
S'amuse à me manquer de foi ;
Car drès que je vois dans sa mine
Queuque indifference en vars moi,
Sans ly demander le pourquoy ,
Je laisse aller la Pelerine :
Je ne dis mot ; je me tens coi :
Je batifole avec Claudine.
En voyant ça , la Mathurine
Prend du souci , rêve à part soy ;
Et pis tout d'un coup , la mutine
Me dit : j'enrage contre toy.

LA CHANTEUSE.

Colas me disoit l'autre jour ,
Margot , donne-moi ton amour :
Je répondis je te le donne ,
Mais ne vas le dire à personne ;
Colas ne m'entendit pas bien ,
Car l'innocent ne reçût rien.

ARLEQUIN.

Femmes , nous étions de grands foux
D'être aux Champs pour l'amour de vous.

Si de chaque femme volage
L'amant alloit planter des choux ;
Par la ventrebille je gage
Que nous ferions condamnez tous
A travailler au jardinage.

FIN.

APPROBATION.

J'Ai lû par l'Ordre de Monseigneur le
Garde des Sceaux une Comedie qui a
pour titre ; *La Surprise de l' Amour*, & j'ai
crû que cette Piece feroit autant de plaifir à
la Lecture, qu'elle en a faite à la Reprefen-
tation. A Paris ce 19. Mars 1723.

Signé, DANCHET.

www.ingramcontent.com/pod-product-compliance
Lightning Source LLC
Chambersburg PA
CBHW052133090426

42741CB00009B/2058